Secretos para una vida exitosa

Descubre la mujer que Dios quiere que seas

KAROL LADD

PORTAVOZ

La misión de Editorial Portavoz consiste en proporcionar productos de calidad —con integridad y excelencia—, desde una perspectiva bíblica y confiable, que animen a las personas a conocer y servir a Jesucristo.

A todas las mujeres que desean experimentar más el gozo de caminar seguras en Dios que seguras en ellas mismas.

Título del original: *A Woman's Secret for Confident Living* © 2011 por Karol Ladd y publicado por Harvest House Publishers, Eugene, Oregon 97402. Traducido con permiso.

Traducción: Rosa Pugliese

EDITORIAL PORTAVOZ
P.O. Box 2607
Grand Rapids, Michigan 49501 USA
Visítenos en: www.portavoz.com

ISBN 978-0-8254-1375-9 (rústica)
ISBN 978-0-8254-0352-1 (Kindle)
ISBN 978-0-8254-8506-0 (epub)

1 2 3 4 5 / 17 16 15 14 13

Impreso en los Estados Unidos de América
Printed in the United States of America

Contenido

Introducción

Denodada y bella

Que el Dios de la esperanza los llene de toda alegría y paz a ustedes que creen en él, para que rebosen de esperanza por el poder del Espíritu Santo.

Romanos 15:13 (nvi)

Decide aceptar y llegar a ser la persona que Dios ha diseñado que seas.

John Mason

¿Segura de mí misma? No diría que he vivido de esa manera gran parte de mi vida. Sería más apropiado decir que era *insegura* y tenía *falta de confianza en mí misma*. Por muchos años, incluso como cristiana, luché con pensamientos autodestructivos y sentimientos de culpa en mi mente. Tal vez, puedas relacionar lo que estoy diciendo con tu propia vida. La mayoría de las mujeres lucha contra alguna forma de inseguridad. Hasta aquellas que parecen seguras por fuera, a menudo luchan interiormente por falta de seguridad en sí mismas. Una cosa es *parecer* segura; otra cosa es *ser* segura. Este libro te ayudará a descubrir en tu mente y tu corazón una seguridad firme. Las verdades de este libro han afectado de manera positiva mi propia vida, y creo que pueden influenciar poderosamente la tuya también.

A primera vista, podría parecer que el enfoque de este libro está en ti; pero en realidad no está enfocado totalmente en ti. Sé que podrías pensar que un libro que habla de vivir segura estaría centrado en ti y en cómo llegar a ser una mujer más segura de ti misma. Y sí, como resultado de leer este libro, creo que tendrás una nueva seguridad interna y la perspectiva de una vida poderosamente positiva; pero no quiero que solo tengas la idea de que este libro está enfocado por completo en ti. Para ser sincera, habla de Dios y del amor y el propósito que, por su gracia, tiene para tu vida. La verdadera seguridad duradera no se encuentra en enfocarnos en nosotras mismas, sino en enfocarnos en Aquel que nos creó y en descubrir nuestra seguridad en Él. Dios es quien nos da la fuerza y el poder de caminar denodadamente en este mundo.

La palabra *confiar* significa tener una creencia o seguridad firme en algo. Su palabra raíz, *fidere*, significa "fiel" o "fe", y es la misma raíz que ves en palabras como *fidelidad* o *confidente*. Tener seguridad en alguien o algo significa tener fe o confianza en tal persona o cosa. Ahora bien, podemos tratar de vivir la vida poniendo nuestra seguridad en nuestra apariencia, o en una relación, o en el trabajo indicado, o en tener suficiente dinero o en ser una buena madre; pero nada de eso puede ofrecer seguridad duradera o fortaleza interna. Tener *seguridad en Dios* (fe en nuestro Creador y Salvador) es diferente. Cuando ponemos nuestra esperanza y seguridad en Él, nadie puede quitárnosla. Es una seguridad firme que proviene de la fuente de nuestra alma. ¿Cómo podemos llegar a vivir con seguridad en Dios?

El apóstol Pablo dijo: "Arráiguense profundamente en él [Cristo]". Él les escribió estas palabras a los primeros creyentes que vivían en Colosas (ahora, el sudoeste de Turquía) y les expresó la importancia de conocer a Cristo y encontrar satisfacción y seguridad en Él. La verdad es que todo el libro de Colosenses puede darnos un mayor entendimiento de quiénes somos en Cristo y de cómo podemos interactuar confiadamente unos con otros. Es un libro único lleno de sabiduría y conocimiento sobre nuestra relación con Dios. *Secretos para una vida exitosa* es un deleitable y cuidadoso estudio de las verdades de Dios en Colosenses, que puede transformar literalmente la manera en que te ves y vives.

Pablo animó a los colosenses a vivir con denuedo y seguridad en Cristo. Él quería que ellos supieran qué creían y que luego vivieran según esa creencia con verdadera pasión en su corazón. Su deseo era que ellos experimentaran una fe muy real basada en una relación con Cristo, no en una religión o en reglas. Él esperaba que llegaran a darse cuenta de que todos los tesoros de la sabiduría y el conocimiento se encuentran en Cristo. Este es mi sueño y mi deseo para ti también con la lectura de este libro. La seguridad comienza en lo que pensamos y creemos, y se manifiesta en nuestra relación con los demás. Nuestra seguridad extiende sus alas y vuela cuando nos damos cuenta de que Dios tiene un propósito para nuestra vida, y cuando usamos nuestros dones y talentos para su gloria.

Qué hacer con este libro

Puedes disfrutar de la lectura privada de este libro o puedes leerlo detenidamente con una amiga. Puede que quieras reunir varias amigas y usarlo para un estudio grupal. El primer estudio grupal del libro que dirigí fue en mi propio vecindario, con mujeres que apenas conocía. Dejé folletos en los buzones de correspondencia y esperé que alguien apareciera. ¡Y aparecieron! Empezamos nuestro primer estudio en el vecindario con una pequeña cantidad de mujeres de diferentes trasfondos religiosos y de todas las edades. El estudio me dio la gran posibilidad de conocer a mis vecinas y ayudar a las mujeres en su vida cristiana, sin importar de dónde venían. Te animo a acercarte a tus compañeras de trabajo, vecinas o conocidas e invitarlas a leer juntas este libro. El título es invitador, y es una manera maravillosa de conocerse unas a otras y escudriñar juntas las verdades espirituales. Descubrirás que este estudio puede ayudarte a relacionarte con tus amigas mientras debaten sobre los capítulos.

Al final de cada capítulo, encontrarás una sección llamada "Pasos para vivir segura", que te puede servir para tomar lo que has leído de manera personal. Te provee versículos adicionales para leer si quieres ahondar un poco más. En esta sección, he incluido una parte llamada "La batalla por la verdad", que ofrece un "Forjador de tu seguridad" y un "Destructor de tu seguridad" (una falsa idea que tendemos a creer). Es importante que reconozcamos algunas de las mentiras que invaden nuestra mente y libran una guerra contra nuestra seguridad, por eso quiero ayudarte a identificar algunos de estos patrones de pensamiento. También encontrarás una lista de opciones para seguir como resultado de la verdad. Finalmente, la sección de "Pasos para vivir segura" termina con un plan deliberado para que pongas en práctica lo que has aprendido. Creo que una cosa es leer un libro, pero otra cosa es ponerlo en práctica en nuestras circunstancias personales del presente. La sección de "Pasos para vivir segura" te ofrece herramientas que te ayudarán a hacer que cada capítulo sea un poco más real en tu vida diaria.

Al final del libro, encontrarás preguntas para el estudio grupal, que tienen el objetivo de ayudarte a estimular importantes debates y entablar conversaciones sobre los pasajes bíblicos estudiados en cada capítulo. Para mí personalmente, el estudio de Colosenses no solo ha profundizado el fundamento de mi seguridad en Cristo, sino que también me ha impulsado a integrarme en las relaciones que forman parte de mi vida y a librarme de pensamientos y hábitos negativos que plagan mi manera de pensar. Este estudio puede tener un efecto igualmente poderoso en tu vida, así que comencemos juntas esta travesía y disfrutemos de las bendiciones que Dios nos tiene preparadas, un paso firme y seguro a la vez.

PARTE UNO

Transforma tu manera de pensar

Escogí el camino de la verdad;
He puesto tus juicios delante de mí.
Me he apegado a tus testimonios;
Oh Jehová, no me avergüences.
Por el camino de tus mandamientos correré,
Cuando ensanches mi corazón.

SALMOS 119:30-32

A la verdad no se llega solo por la razón,
sino también por el corazón.

PASCAL

Capítulo uno

¿Dónde está la verdad?

No se amolden al mundo actual, sino sean transformados mediante la renovación de su mente. Así podrán comprobar cuál es la voluntad de Dios, buena, agradable y perfecta.

Romanos 12:2 (nvi)

Lo que viene a nuestra mente cuando pensamos en Dios es lo más importante de nosotros.

A. W. Tozer

Cuando nuestra hija nos dijo que quería estudiar Filosofía en la universidad, me preocupé un poco. ¿Filosofía? ¿Qué hace una persona en la vida con un diploma de Filosofía? Me imaginaba hombres de pelo largo y barba sentados por ahí, en bancos de piedra, para debatir sobre el significado de la vida. Puesto que nunca había tomado una clase de Filosofía en todos mis años de estudio, no estaba muy segura de cómo sería realmente un título de Filosofía. Por eso, fui a la librería y elegí algunos libros sobre el tema. *Philosophy for Dummies* [Filosofía para principiantes] en realidad fue mi favorito; una lectura bastante reveladora y muy útil en mi búsqueda increíblemente intelectual por entender filosofía. Por desdicha, los libros que leí nunca respondieron mi pregunta de qué hace una persona con un título de Filosofía, pero al menos pude llevar adelante con mi hija conversaciones levemente coherentes sobre el método de Sócrates.

Quiero que sepas que la experiencia universitaria de mi hija tuvo un resultado positivo. Durante sus años de estudio en la Universidad Baylor, adquirió mayor sensibilidad hacia las necesidades de las familias pobres de la ciudad de Waco. Más importante aún, reconoció las condiciones comunes de la pobreza del alma (pienso que es un término filosófico) y comenzó a ayudar y dar asistencia a los niños de su comunidad mediante las artes visuales. Así nació Iniciativa de Arte de Waco, un programa de arte extraescolar para niños que viven en viviendas subvencionadas por el gobierno. ¡Aquí tienes algo maravilloso para hacer con un título de Filosofía!

Sin embargo, ¿qué trata el estudio de la filosofía? El término *filosofía* en realidad significa el amor a la sabiduría y el conocimiento. La raíz griega de la palabra *philos* significa amoroso, y *sophos* significa sabio. En sentido general, la filosofía es una investigación de los principios y las leyes que regulan el universo. Más específicamente, se refiere a un sistema de creencia o doctrina sobre la verdad, la existencia, las leyes naturales, la teología y la moralidad. Nuestra filosofía personal afecta nuestra manera de entender el mundo, qué pensamos de nosotras mismas y, más importante aún, qué creemos de Dios.

Hace miles de años, Sócrates, Platón y Aristóteles provocaron un disturbio filosófico en su propia comunidad, y aún hoy se sienten las repercusiones de sus ideas. A través del tiempo, los filósofos se preocuparon por la existencia de Dios y su influencia en la creación. En nuestra cultura posmoderna, podría parecer que la filosofía es distante e irrelevante, pero la importancia de saber lo que creemos y por qué lo creemos nunca ha disminuido. Nuestra búsqueda de la sabiduría y el conocimiento debe basarse en la verdad y no en los vientos de las tendencias actuales o los puntos de vista populares. Al abocarnos de lleno en Colosenses, encontramos que los creyentes luchaban contra la influencia de las filosofías populares de la época, y Pablo estaba muy preocupado por el conocimiento que ellos tenían de la verdad. Él quería que conocieran cabalmente la verdad de Cristo. Pablo escribió su carta a los colosenses a fin de fortalecer su comprensión y filosofía de la vida basada en Cristo y la verdad de la Palabra de Dios. Nosotras también necesitamos establecer quiénes somos y qué creemos con el propósito de desarrollar un fundamento para nuestra confianza.

Confusión colosal

Hace poco, cuando cumplí cincuenta años (y no puedo creer que haya dicho mi edad), mi esposo Curt decidió llevarme en un viaje de celebración a Santa Fe, Nuevo México. ¿Has estado allí alguna vez? Es como una muestra representativa de personas y creencias. Aunque el cristianismo parece tener una fuerte presencia con varias catedrales hermosas en la plaza, el misticismo de la Nueva Era y las tradiciones estadounidenses nativas también dominan la cultura. La ciudad es lo que yo llamo una bullabesa de filosofías e ideas. Ahora bien, mis amigas siempre se ríen de mí cuando uso la palabra *bullabesa* porque no es un término que se escuche todos los días. Tal vez yo use demasiado esta palabra para describir algo lleno de variedad. En realidad, *bullabesa* es una palabra francesa que hace referencia a un guiso o sopa espesa hecha con varios tipos de pescados. Es la palabra perfecta para describir conceptos e ideas diferentes mezclados en un lugar.

Es interesante notar que en la ciudad de Colosas de los días de Pablo había algunas similitudes con la Santa Fe de nuestros días, ya que ambas ciudades parecen ser la Meca de la confluencia de ideas. En sus inicios, Santa Fe era un lugar de cruce de dos vías de paso comerciales: la ruta de Santa Fe, que se extiende desde Missouri hasta Santa Fe, y El Camino Real, que era una ruta que venía de la ciudad de México. De manera similar, en el siglo v antes de Cristo, la ciudad de Colosas tenía una ubicación importante en la confluencia de las principales rutas comerciales de Asia que iban de este a oeste y de norte a sur. Cuando Pablo apareció en escena, las principales rutas habían cambiado de itinerario hacia las cercanías de la ciudad de Laodicea, lo cual produjo la decadencia gradual de Colosas. Aunque sus habitantes perdieron gran parte de su comercio e industria, siguieron siendo una confluencia de ideas filosóficas.

Todo se trata de lo que crees

Entonces, ¿qué tiene que ver la filosofía contigo, conmigo y con nuestra vida hoy? Nuestra manera de funcionar en este mundo se ve afectada por lo que creemos sobre Dios. Si pensamos de Dios como un dictador enojado y exigente, funcionaremos como esclavas preocupadas y desesperadas. Si lo vemos como un Creador indiferente, que se desentiende de todo lo que pasa en nuestro mundo, entonces tenderemos a ver la vida sin propósito ni dirección y a nuestra vida misma sin ningún valor. Sin embargo, si reconocemos a Dios, nuestro Padre, como el Supremo Rey de los cielos y el Creador de todo, Aquel que se interesa por cada detalle de nuestra vida y que envió a su Hijo unigénito para dar su vida por nosotras, entonces nos valoraremos como hijas santas y entrañablemente amadas. Y valoraremos la vida de otras personas también.

Si queremos vivir con una esperanza segura, debemos estar firmemente establecidas en nuestra filosofía de Dios. Debemos conocer lo que creemos de Él. Por lo general, no miro mucho los *reality shows*, pero hace poco uno cautivó mi atención. La premisa del programa gira alrededor del director ejecutivo, presidente o jefe de una corporación importante, que trabaja de incógnito entre los escalafones inferiores de su compañía. Imagínate esto: el director ejecutivo de una compañía nacional de manejo de desechos que limpia las letrinas portátiles junto al personal de servicio, o el presidente de una importante cadena de hamburguesas que cocina hamburguesas en un restaurante. Casi siempre, los jefes regresan a las oficinas de la corporación con un gran aprecio por lo que hacen los trabajadores cada día y además comienzan a implementar cambios y mejoras en el área.

Mi parte favorita es el final, cuando llaman al personal del área a la oficina de la corporación y le dicen la verdad sobre la identidad de su misterioso compañero de trabajo. Los empleados, generalmente, se quedan mudos, porque imaginaban a los altos ejecutivos como un grupo de esclavistas distantes y viciados que no los entendían. Pero una vez que conocieron a la autoridad de la compañía, sintieron de forma distinta acerca de trabajar para ellos. De pronto, tuvieron esperanza porque sus retos diarios fueron reconocidos. Se sintieron comprendidos y se dieron cuenta de que el líder de la compañía no era tan malo, después de todo.

Sirve de mucho conocer al que está en autoridad. ¡Lo cambia todo! En el *reality show*, los empleados que habían perdido la esperanza se transformaron en empleados llenos de esperanza, que estaban orgullosos de trabajar para su compañía. De manera similar, lo que más deseaba el apóstol Pablo era que los creyentes conocieran al Dios de todo el universo de una forma personal. Él quería que ellos conocieran a Cristo; no solo que conocieran acerca de Él, sino que lo conocieran en verdad. Pablo sabía que a medida que los colosenses llegaran a conocer a Cristo, sus vidas serían transformadas de seguidores de ideas y creencias populares, que habían perdido la esperanza, a seguidores de Cristo llenos de esperanza. Nosotras también tenemos la oportunidad de llegar a conocer al Dios de toda la creación. Cuando conocemos a Cristo personalmente, nuestra vida es transformada con una esperanza segura.

Simplemente radiante

La primera vez que conocí a Elena, me llamó la atención su sonrisa radiante. Al principio, no noté su bastón, pero a medida que se acercaba elegantemente hacia mí, pude ver que caminaba con una leve cojera. Elena me dijo que al nacer le habían diagnosticado espina bífida. Sin embargo, podía caminar, y todavía seguía radiante a los setenta años. Elena es literalmente un milagro viviente, porque en aquel entonces la mayoría de los niños con espina bífida no tenía esperanza de vida y de llegar a la edad adulta. Elena pudo recibir un tratamiento experimental a una edad bien temprana, lo cual le permitió caminar. Cuando le comenté a Elena que quería escribir su historia, me dijo: "Bueno, pero que el centro sea Jesús, no yo".

El enfoque de Elena no está en ella misma; sino en Dios, quien la ama y cuida de ella y sigue haciendo brillar su luz a través de ella. Elena ve sus limitaciones físicas desde una perspectiva positiva. Reconoce que sus dificultades le dan la oportunidad de acercarse y ayudar a otras mujeres que tienen incapacidades... y todas tenemos incapacidades de alguna clase. Elena es una consultora de belleza y usa el maquillaje y la belleza externa para hablar de la importancia de la belleza interna que viene de conocer al Señor. Esta es la declaración de su misión:

> *INFLUENCIAR a mujeres cuyas vidas han quedado incapacitadas y ayudarles en la decisión de su destino eterno, ¡un lápiz labial a la vez!*

Elena reconoce que nadie es perfecto, y nuestras imperfecciones nos llevan a un Dios perfecto. En Él experimentamos fortaleza y gozo en la vida. Le ha servido de mucho a Elena entender quién es Dios. Algo más que debo decirte de Elena es que le encanta orar. Ella busca al Señor en oración para recibir fortaleza en cada momento del día. Varias veces durante nuestra conversación, ella hizo un alto para decirme: "Vayamos al Padre en oración por esto". Y en ese mismo momento, oró. Y qué hermosa oración hizo, llena de amor, confianza y gozo en su Padre celestial. Elena es ejemplo de una mujer que vive con una esperanza segura en el Señor. Ella vive con una perspectiva de gratitud por la oportunidad de servir a Dios con su incapacidad. Además vive con el enfoque celestial de saber que este mundo no es su hogar y que un día su cuerpo terrenal será transformado en un cuerpo glorioso.

La perspectiva lo es todo y es una decisión. Podemos ver nuestras frustraciones y nuestras circunstancias desalentadoras con enojo hacia Dios y creer que esta vida es todo lo que tenemos. O podemos ver las dificultades desde la perspectiva que dice: "Señor, mis ojos están en ti. Úsame en estas circunstancias para tu gloria. Ayúdame y dame fuerzas en el camino". Con una perspectiva eternal, podemos vivir con la confianza de saber que la vida no lo es *todo*. Podemos mirar hacia delante con la esperanza cierta del cielo y confiar en el Dios que cuida de nosotras aquí. Elena es una mujer radiante con una perspectiva eterna. ¡Quiero ver el mundo como Elena!

¿Cuál es tu cosmovisión?

Una de las palabras más en boga hoy día es *cosmovisión*. De algún modo, este término se resume en nuestra propia filosofía de la vida, que significa la manera de ver el mundo en cuanto a la naturaleza de Dios, el hombre, la moralidad, el conocimiento e incluso la muerte. Para los creyentes en Cristo, es importante conocer la cosmovisión de otras personas, pero lo más importante es conocer nuestra propia cosmovisión. El pastor John Piper escribió: "Una cosmovisión débil produce cristianos débiles. Y cristianos débiles no sobrevivirán los días que se avecinan".[1] Quiero ser una cristiana segura, no débil. ¿Y tú? Churchleader.net describe la importancia de nuestra cosmovisión de esta manera:

> La cosmovisión actúa, de algún modo, como anteojos o lentes de contacto. Es decir, una cosmovisión debería proveer la "prescripción" correcta para percibir el mundo, así como usar la prescripción correcta para tus ojos te ayuda a ver las cosas con una buena definición. Y, en ambos ejemplos, una prescripción incorrecta puede ser peligrosa, incluso mortal. Nos enfrentamos a una variedad de cosmovisiones, todas las cuales hacen alegatos concernientes a la verdad.[2]

Puede que no sea la primera cosa en tu lista de tareas para realizar esta semana, pero es importante considerar tu cosmovisión personal. ¿Qué crees de Dios y cómo interactúa Él con la creación? ¿Has pensado cuál es tu propósito en este mundo y qué diseñó Dios para que tú hicieras? ¿Has pensado hacia dónde te diriges? Así como los primeros filósofos comenzaron sus especulaciones de la vida con su perspectiva de Dios, del mismo modo nuestro proceso de dar significado a nuestra vida comienza con nuestra perspectiva de Dios. Debemos buscar la verdad acerca de Él.

Creo que la verdad de Dios se revela en la Biblia. En este libro singular, no solo descubrimos los atributos de Dios, sino también su trato con la humanidad y su relación con la creación. Mi cosmovisión comienza con la Biblia. Tengo una cosmovisión bíblica, lo cual significa que veo el mundo a través de los lentes de lo que Dios reveló en su Palabra. La Biblia es un fundamento firme sobre el cual podemos pararnos para buscar el conocimiento de la vida y de Dios. Cuando era niña memoricé un versículo corto de la Biblia que dice: "La hierba se seca y la flor se marchita, pero la palabra de nuestro Dios permanece para siempre".[3] Las filosofías, religiones y creencias culturales vienen y van, pero no así los preceptos de la Biblia, que han resistido el paso del tiempo y son el fundamento seguro de una cosmovisión por todas las generaciones.

Del Antiguo Testamento, podemos percibir la cosmovisión bíblica de David.

> *La ley de Jehová es perfecta, que convierte el alma; el testimonio de Jehová es fiel, que hace sabio al sencillo. Los mandamientos de Jehová son rectos, que alegran el corazón; el precepto de Jehová es puro, que alumbra los ojos. El temor de Jehová es limpio, que permanece para siempre; los juicios de Jehová son verdad, todos justos. Deseables son más que el oro, y más que mucho oro afinado; y dulces más que miel, y que la que destila del panal. Tu siervo es además amonestado con ellos; en guardarlos hay grande galardón.*[4]

Si estás buscando sabiduría y conocimiento; si esperas encontrar un propósito y la verdad; si quieres saber quién es Dios y cómo quiere que vivas, comienza con la Biblia. Alumbrará tu camino y te acompañará en el trayecto de la vida. Pablo escribió a Timoteo: "Toda la Escritura es inspirada por Dios, y útil para enseñar, para redargüir, para corregir, para instruir en justicia, a fin de que el hombre de Dios sea perfecto, enteramente preparado para toda buena obra".[5]

El filósofo Emanuel Kant dijo: "Todos los intereses de mi razón, ya sean especulativos o prácticos, se resumen en las tres preguntas siguientes:

1. ¿Qué puedo conocer?
2. ¿Qué debo hacer?
3. ¿Qué me cabe esperar?[6]

La Biblia responde sólidamente cada una de estas preguntas. *¿Qué puedo conocer?* En la Biblia, conozco la verdad de Dios y cómo se relaciona con su creación. Sé que soy amada y que tengo un propósito en este mundo. *¿Qué debo hacer?* En la Biblia, aprendo cómo quiere Dios que viva y cómo quiere que me relacione con los demás. Aprendo que debo amarlo con todo mi corazón, con toda mi mente, con toda mi alma y con todas mis fuerzas, y que debo amar a mi prójimo como a mí mismo. Aprendo que si quiero ser grande en el reino de Dios, debo ser sierva de todos. *¿Qué me cabe esperar?* Esta pregunta se trata a lo largo de toda la Biblia. Tengo esperanza de un futuro glorioso en el cielo. Tengo esperanza en que un Dios que me ama me dará fortaleza y consuelo al atravesar las dificultades de la vida. Tengo esperanza en que Él nunca me dejará sola. Tengo esperanza en que Él conoce mis necesidades y escucha mis oraciones.

La Biblia responde muchas preguntas, ¿verdad? Y tú, ¿tienes una cosmovisión bíblica? Me gusta cómo describe su cosmovisión la Escuela Cristiana Myrtle Grove de Wilmington, Carolina del Norte:

> Uno de los objetivos principales la Escuela Cristiana Myrtle Grove es inculcar en los estudiantes una cosmovisión bíblica basada totalmente en la Palabra de Dios, la Biblia. Cuando hablamos de cosmovisión, nos referimos a la estructura mental de una persona, que le permite entender la "visión global" de la realidad, basada en una suposición consciente e inconsciente de Dios, la creación, la humanidad, la moralidad y el propósito.
>
> Creemos que la Biblia describe el mundo como es en verdad. En otras palabras, la Biblia responde no solo las preguntas religiosas del hombre, sino también las principales preguntas filosóficas que el hombre siempre se ha formulado. El estudiante con una cosmovisión bíblica tiene un sistema de pensamiento unificado, lógicamente coherente y

relevante sobre cada área de la vida. Los alegatos siguientes proporcionan una breve descripción de una cosmovisión bíblica.

DIOS

Hay un Dios trino, que existe eternamente en tres personas: Padre, Hijo y Espíritu Santo. Es infinito, personal, soberano, todopoderoso, omnisciente y perfecto en amor, justicia y misericordia. Dios no está en silencio, sino que se ha revelado a la humanidad a través de la Biblia, la creación y la persona de Jesucristo.

CREACIÓN

Todas las cosas fueron creadas por Dios, y Él sustenta todas las cosas. La creación consta de un reino físico y un reino espiritual. Toda la creación fue originalmente buena, pero ahora está en un estado caído debido al pecado del hombre.

HUMANIDAD

El ser humano fue creado por Dios a su imagen y semejanza. En consecuencia, toda vida humana tiene un valor intrínseco. Al mismo tiempo, el hombre vive en un estado caído como resultado del pecado. La condición pecaminosa del hombre lo separa de Dios y le impide adorarlo debidamente, vivir con rectitud, entender las cosas espirituales y reconocer que toda la verdad de la creación revela al Creador. Las personas pueden restaurar su relación con Dios por medio de Jesucristo.

MORALIDAD

La moralidad está basada en el carácter y la naturaleza de Dios, no en el consenso de la sociedad o la cultura. Es absoluta, no relativa. La ley moral de Dios está revelada en las Escrituras, y Dios ordena nuestro cumplimiento de esa ley.

PROPÓSITO

Dios ha ordenado que el ser humano tenga dominio sobre la tierra. Los creyentes deben buscar que la voluntad de Dios sea hecha en la tierra como en el cielo y deben ser testigos de Cristo a su cultura. La historia es lineal, no cíclica; de modo que el ser humano solo tiene una vida para vivir, y las decisiones que tome en esa vida afectarán su destino eterno.[7]

¡Ahora sí hay una escuela que sabe lo que cree! La felicito por su definición clara y osada. A pesar de la plétora de filosofías que abunda en nuestra cultura hoy día, nosotras también podemos tener un fundamento claro de lo que creemos. Debemos evaluar todo a la luz de la Palabra de Dios para separar la verdad de Dios de las ideas del hombre. Así como los colosenses enfrentaron las intrigantes influencias de su cultura, también es tentador apoyar los conceptos religiosos del día. ¿Qué hay en el menú hoy?

Una de las escuelas de pensamiento que imperaba en Colosas en la época de Pablo era una forma temprana de gnosticismo, que enfatizaba un conocimiento especial, secreto, que solo algunos intelectuales de elite poseían. (La palabra griega *gnosis* significa "conocer"). Los seguidores de las primeras etapas del gnosticismo creían que Dios era bueno, pero que toda materia era mala. No creían que Jesús fuera Dios, porque todas las formas creadas son malas; por lo tanto, decían que Jesús era simplemente uno más de la serie de productos de Dios. En su sistema de creencia, Jesús era menos que Dios. Ellos creían en un conocimiento secreto y supremo por sobre las Escrituras. Hoy día, vemos sistemas de creencia similares en nuestra cultura; sin embargo, conocer al Dios de la Biblia puede traer claridad a nuestra vida. Con el estudio de Colosenses, llegarás a saber qué crees y podrás caminar con el conocimiento seguro de saber quién eres en Cristo.

Pablo retó a los colosenses a vivir con amor y denuedo, y a reflejar a Cristo en lo que hacían y decían. ¡Pienso que nosotras también deberíamos recordarlo! En definitiva, Pablo quería que los primeros cristianos se distinguieran por su fe segura y su esperanza inquebrantable, puestas solo en Cristo. Aunque estoy bastante segura de que tú no quieres llevar una vida vacía, basada en filosofías e ideas sin sentido, voy a hacer una suposición aquí. Creo que quieres vivir una vida realizada y llena de significado, basada en la verdad, la verdad de Dios. Esa es una de varias lecciones importantes que aprenderemos juntas en las páginas de este libro. El relativismo religioso nos conduce solo a una búsqueda interminable de esperanza y propósito, pero las verdades fundamentales de Cristo y de su Palabra nos conducen a la verdadera fuente de esperanza y propósito.

Pasos para vivir segura

Lectura adicional: Salmo 119. El poder transformador de la Palabra de Dios.

La batalla por la verdad:

Destructor de tu seguridad: *No tengo ninguna verdad absoluta sobre la cual basar mi vida.*

Forjador de tu seguridad: La seguridad se establece cuando basamos nuestra cosmovisión en el fundamento seguro de la Biblia.

Opciones:

- Busca la verdad de Dios en la Biblia, no en las filosofías del presente.
- Evalúa lo que escuchas y lees a la luz de las Escrituras.
- Procura estar alerta y consciente de las influencias culturales que suelen batallar contra tu seguridad.
- Descubre quién eres, al conocer a Cristo y qué hizo por ti en la cruz.
- Vive con una perspectiva celestial.
- Conoce tu propia cosmovisión y lo que crees.

Plan deliberado: Escribe tu cosmovisión.

Toma un tiempo para reflexionar en tu propia cosmovisión. Considera la cosmovisión presentada en este capítulo y escribe debajo tu propia declaración de lo que crees.

Lo que creo sobre...

Dios:

La creación:

La humanidad:

La moralidad:

El propósito:

Capítulo dos

Oraciones poderosas

Estén siempre alegres, oren sin cesar, den gracias a Dios en toda situación, porque esta es su voluntad para ustedes en Cristo Jesús.

1 Tesalonicenses 5:16-18 (nvi)

La oración no es usar a Dios; por el contrario, nos coloca en la posición indicada para que Dios pueda usarnos.

Billy Graham

Las palabras amables son como un vaso de agua fresca para el alma sedienta. Cuando alguien me saluda con una palabra edificante y una sonrisa, renueva mi espíritu y me ayuda a tener una mejor actitud. ¿Y a ti? Piensa en la última vez que recibiste el estímulo positivo de una amiga o un miembro de tu familia. Eso marca un buen tono para el resto de la conversación, ¿no es cierto? Pero también es cierto lo contrario; cuando alguien nos saluda con un problema o una queja puede ser un poco desalentador. Seamos sinceras, no es muy divertido que nos saluden con comentarios como…

- ¿Dónde estuviste?
- ¿No ordenaste tu ropa todavía?
- ¿Me puedes decir qué estás haciendo?
- ¿Qué estabas pensando?
- No sabes qué día tan difícil he tenido.
- ¡Bueno, ya era hora que llegaras!
- ¿Te acordaste de…?
- ¿Cómo te pudiste olvidar?

No son tan edificantes, ¿verdad? Aunque es muy probable que hayamos recibido comentarios como estos en algún momento, debemos admitir que nosotras también podríamos haber dejado salir de nuestra boca un saludo negativo una que otra vez. En términos generales, creo que todas deseamos llevar felicidad y gozo a los demás, pero a veces nuestros intereses personales se anteponen a nuestras buenas intenciones. ¿No sería mejor que diéramos y recibiéramos los siguientes saludos?

- Estoy muy contenta de verte.
- Estoy agradecida por ti.
- Tú me alegras el día.
- ¿Cómo te sientes?
- Estuve orando por ti.

Piensa cuánto mejorarían nuestras relaciones si nos saludáramos con palabras como estas. Podemos tomar la decisión deliberada de saludar a nuestros seres amados con gozo en vez de cargas. No importa qué mensaje necesitamos comunicarle a una amiga o un miembro de la familia, siempre podemos comenzar con una nota positiva. Eso es lo que hizo Pablo. Él estaba profundamente preocupado por la creciente herejía en la iglesia de los colosenses, pero decidió comenzar su carta con un saludo amable y edificante, en vez de decir: "Querida iglesia de Colosas, ¿me quieren decir en qué están pensando?". La amabilidad siempre atrae más atención que el enojo, y si queremos ejercer influencia o ver un cambio verdadero, primero debemos edificar, no derribar.

Es así como Pablo comenzó su carta:

Colosenses 1:1-2 (NVI)

Pablo, apóstol de Cristo Jesús por la voluntad de Dios, y el hermano Timoteo, a los santos y fieles hermanos en Cristo que están en Colosas: Que Dios nuestro Padre les conceda gracia y paz.

Es importante notar que Pablo escribió esta carta mientras estaba bajo arresto domiciliario, preso en Roma por predicar el evangelio. Sí, el Sr. Felicidad estaba preso. Una nota para tener en cuenta: si estoy esperando que mi vida mejore para edificar a otros y ser amable, entonces mejor que deje de esperar. Constantemente, Pablo inspiraba y animaba a otros, aun en prisión. No tenemos excusas. ¡No esperemos más! Necesitamos edificar a otros en medio de nuestra vida no tan perfecta. No perdamos más tiempo con comentarios negativos; más bien, acerquémonos a los demás y animémoslos con palabras amables y consideradas.

Observa que Pablo decía ser "apóstol"; es decir, alguien que es elegido y enviado por Dios. A menudo, comenzaba las cartas con la identificación de apóstol para establecer su autoridad y su credibilidad. También incluía frases como "por la voluntad de Dios", para recordar a los destinatarios que no fueron su propia ambición o sus aspiraciones personales las que lo llevaron a ser apóstol, sino el designio de Dios. Dado que Pablo no era uno de los doce discípulos originales, presentaba sus credenciales para que no hubiera ninguna duda de su autoridad para dirigirse a la iglesia en asuntos doctrinales.

Pablo describió a los colosenses como santos y fieles. Estoy segura de que se enorgullecieron un poco cuando escucharon el saludo introductorio de Pablo. También pienso que probablemente se acercaron un poco más para escuchar lo que este hombre de Dios tenía para decirles, ya que, después de todo, ellos eran hermanos y hermanas en Cristo, "santos y fieles". Al llamarlos santos, Pablo no estaba diciendo que eran personas perfectas. *Santo* se usa para describir a una persona u objeto que está apartado, consagrado para Dios. Debido a su fe en Cristo, eran apartados como pueblo de Dios. *Fiel* indica que eran creyentes, que confiaban en la salvación de Cristo.

El saludo de Pablo no es solo para los colosenses. Puede describir a toda aquella persona que ha puesto su fe en Cristo y le sigue. ¿Te ves como una persona santa y fiel? Es difícil pensar en nosotras mismas con estos términos, especialmente cuando acabamos de gritar a los niños o de enojarnos con un compañero de trabajo. Sin embargo, como creyentes en Cristo, somos su pueblo amado. No es que seamos espléndidas, justas o que lo merezcamos, sino que por la muerte de Cristo en la cruz, somos hechas santas en Él. Como creyentes, que confiamos en Él, somos apartadas como su pueblo amado. Qué privilegio y honor ser consagradas a Él: ¡apartadas para servirle! Toma un momento ahora mismo para agradecer al Padre por lo que Cristo hizo en la cruz y por permitirte tener el privilegio de ser parte de su pueblo santo y fiel.

Oraciones llenas de agradecimiento

Una cosa es orar por otra persona, pero otra cosa completamente diferente es agradecer a Dios por una persona. Cuando agradecemos sinceramente a Dios por alguien, cambia nuestra manera de verlo. Comenzamos a enfocarnos en sus buenas cualidades y además reconocemos que Dios lo ha puesto en nuestra vida con un propósito. Sí, ¡incluso las personas difíciles! Estoy segura de que Pablo pudo comenzar su carta con un saludo tan edificante, porque agradecía a Dios por los colosenses y por las buenas cualidades que manifestaban. No se enfocó en lo que estaba mal, sino más bien prestó atención a lo que estaba bien en ellos. ¡Una lección que todas podríamos aprender!

Así les hace saber Pablo a los colosenses qué siente sobre ellos:

COLOSENSES 1:3-8 (NVI)

Siempre que oramos por ustedes, damos gracias a Dios, el Padre de nuestro Señor Jesucristo, pues hemos recibido noticias de su fe en Cristo Jesús y del amor que tienen por todos los santos a causa de la esperanza reservada para ustedes en el cielo. De esta esperanza ya han sabido por la palabra de verdad, que es el evangelio que ha llegado hasta ustedes. Este evangelio está dando fruto y creciendo en todo el mundo, como también ha sucedido entre ustedes desde el día en que supieron de la gracia de Dios y la comprendieron plenamente. Así lo aprendieron de Epafras, nuestro querido colaborador y fiel servidor de Cristo para el bien de ustedes. Fue él quien nos contó del amor que tienen en el Espíritu.

Puede ser tentador pasar por alto la importancia de las oraciones de agradecimiento que Pablo hace por los colosenses, dado que él usaba a menudo esta clase de saludo en sus cartas. No creo que solo estuviera diciendo que agradecía a Dios por ellos como un saludo genérico y colectivo. Era indudable que estaba sinceramente agradecido por sus compañeros en la fe de Colosas. Observa que mencionó de forma específica las cualidades por las que daba gracias: su fe y su amor. Pablo quería que sus hermanos creyentes supieran que él no solo estaba agradecido por su fe en Cristo, sino que estaba contento de ver que esta crecía y daba fruto en sus vidas. Una de las maneras en que su fe llevaba fruto era por medio de su amor unos por otros. Pablo elogió a los colosenses por el amor que tenían por todos los santos. ¡Qué hermosa evidencia de la obra del Espíritu de Dios en el cuerpo de Cristo! Si manifestamos un amor sincero por todas nuestras hermanas en Cristo, Dios es glorificado, y las personas son atraídas a Él.

Cuando leemos la palabra *todos*, entendemos que nadie quedaba excluido. *Todos* significa aceptar a quienes son iguales a ti, como a quienes son diferentes a ti. Significa pasar por alto los rasgos raciales o denominacionales. Si amamos a *todos* los santos en Cristo Jesús, entonces debemos amar a todas aquellas personas que tal vez no se visten como nosotras nos vestimos. Significa amar a aquellos que no son parte de la multitud popular. Cuando amamos a *todos*, amamos a aquellos que tienen discapacidades físicas y a aquellos que no pueden aportar mucho dinero al presupuesto de la iglesia. Como creyentes en Cristo, *todos* somos receptores de su gracia y amor inmerecidos. Me gusta la palabra *todos*. Nunca somos mujeres más bellas como cuando rebosamos de amor por *todos* los hijos de Dios, sin distinciones.

Padre, renueva nuestro amor por todos tus hijos. Llénanos con un amor sincero que pase por alto barreras y se acerque a aquellos que parecen diferentes a nosotras. Padre, que tu amor sea tan predominante y evidente en nuestra vida, que todos los creyentes se sientan atraídos a una relación más profunda contigo.

La fe y el amor van de la mano. Cuando damos un paso de fe y creemos en el Señor Jesús, el Espíritu de Dios comienza a hacer una obra transformadora en nuestra vida. El Dios de amor comienza a llenarnos con su amor, y este salpica a aquellos que nos rodean. El amor de Dios nos cambia. Cuando reconocemos que somos santas y que Dios nos ama entrañablemente, a su vez deseamos amar a los demás. ¡Cuán fácilmente olvidamos el amor sincero del Padre por nosotras! Nos distraemos con el deseo de que las personas nos amen y nos aprecien, y a menudo nos olvidamos de cuánto nos ama nuestro Padre celestial. Cuando ponemos nuestra fe en Cristo Jesús, la Biblia dice que somos parte de su familia; somos una de sus hijas. La Biblia también nos recuerda que como un padre tiene compasión de sus hijos, así el Señor tiene compasión de aquellos que le temen.[1] Él es tardo para la ira y grande en amor. Los padres terrenales pueden defraudarnos, pero nada puede separarnos del amor de nuestro Padre celestial.

Observa que Pablo dice que la fe y el amor de los colosenses son *a causa* (en otras palabras, fluye) de la esperanza reservada para ellos en el cielo. Pablo siempre enfatizaba a los creyentes la esperanza de gloria. Cuando nuestra mente se enfoca en la esperanza que tenemos más allá de este mundo, nos damos cuenta de cuán necia o trivial es la mayoría de las preocupaciones y discusiones en nuestra vida. Cuando vivimos con la esperanza del cielo, vivimos con el gozo de la expectativa. Todos tenemos un poco más de amor para otros cuando no nos ponemos mal por cosas temporales sin importancia. Que podamos vivir con nuestro corazón puesto en el cielo, y que nuestra fe y nuestro amor fluyan de nuestra perspectiva eterna.

Una guerrera de oración radiante

Se podría pensar que, como madre de tres niñas, Becky no tiene mucho tiempo para orar; pero ella se busca tiempo en medio de su día ocupado. La oración es una prioridad para Becky. Lo sé porque ella siempre ora por mí. Becky guarda una copia de mi calendario de compromisos para enseñar y escribir, y siempre me deja un mensaje mientras estoy enseñando, en el que me dice que está orando por mí. Sinceramente, me parece increíble que cada vez que ella ora por mí, sabe cómo orar. Parece saber con exactitud qué necesito hablar a cada grupo específico. Solo alguien en sintonía con el Espíritu de Dios podría hacer algo así.

Becky es de rica bendición para mi vida debido al regalo que me hace con sus oraciones. La manera en que nos conocimos por primera vez fue totalmente de Dios. Hace varios años, había ido a pasar un fin de semana con mis compañeras de secundaria, y Becky estaba en un retiro personal de veinticuatro horas sin sus hijos (un regalo de su esposo). Todas estábamos alojadas en una pensión con desayuno incluido en McKinney, Texas. Yo debía irme antes del desayuno (¡qué mal! Los desayunos de estas pensiones son los mejores), porque tenía que recibir a algunos trabajadores en mi casa; así que mis tres compañeras de secundaria invitaron a Becky a sentarse a su mesa para el desayuno. Al hablar con ella, comenzaron a darse cuenta de que tenía bastante en común conmigo. Nuestros esposos se dedicaban al mismo negocio, ambas teníamos dos hijas rubias (esto fue antes que Becky tuviera su tercera hija), y ambas teníamos cabello rubio largo. Una de mis amigas dijo: "Bueno, si escribes libros vamos a empezar a llamarte Karol".

Fue entonces que Becky dijo: "Esperen un minuto, ¿qué Karol?". Cuando ellas le dijeron a Becky que se referían a mí, Becky se sorprendió, porque había estado en su cuarto leyendo en oración su diario y reflexionando sobre algunas citas de mi libro *El poder de una madre positiva*, que había comprado y leído algunos años antes. Bueno, puedes imaginar que mis amigas tomaron rápidamente el teléfono y me dijeron que volviera a McKinney tan pronto como pudiera. Desde ese día, Becky y yo hemos sido hermanas del corazón. Becky camina paso a paso con Jesús mientras ora y busca su dirección. Es líder de grupo de un gran estudio bíblico de Dallas y sirve al Señor con alegría en diversas áreas. Estoy agradecida por una guerrera de oración segura como Becky, que brilla y resplandece en su hogar y su comunidad para Cristo.

La belleza de la oración

Pablo fue un guerrero de oración. Al pensar en todos los grandes hombres y mujeres de fe de todas las épocas, vemos algo en común: eran guerreros de oración. Batallaban diligentemente sobre sus rodillas antes de lograr grandes cosas para el reino. Escucha las voces de hombres y mujeres fieles de todas las épocas que se unen en coro y reconocen la bella disciplina de la oración:

- "Aquel que aprendió a orar aprendió el mayor secreto de una vida santa y feliz" (William Law).
- "A veces pensamos que estamos demasiado ocupados para orar. Este es un gran error, porque cuando oramos ahorramos tiempo" (C. H. Spurgeon).
- "De todas las cosas, guárdate de descuidar la oración en el lugar secreto con Dios" (William Wilberforce).
- "La oración es una fuerte muralla y fortaleza de la iglesia; es una piadosa arma del cristiano" (Martín Lutero).
- "La oración no nos capacita para obras mayores; la oración es la obra mayor" (Oswald Chambers).

- "No hay manera de que los cristianos, a título personal, puedan hacer mucho para promover la obra de Dios y hacer avanzar el reino de Cristo como con la oración" (Jonathan Edwards).
- "Cuando un cristiano se abstiene de tener comunión con otros cristianos, el diablo sonríe. Cuando deja de estudiar la Biblia, el diablo ríe. Cuando deja de orar, el diablo grita de alegría" (Corrie ten Boom).
- "Rica es la persona que tiene un amigo de oración" (Janice Hughes).

Debo hacer un alto y contarte una historia personal que me pasó mientras escribía este capítulo. Cuando leí la cita de Janice Hughes del listado de citas anterior, dejé de escribir y le pedí al Señor que me diera a alguien que orara específicamente por mí mientras escribía este capítulo. Abrí mi corazón al Señor sobre este asunto, al saber que necesitaba la ayuda y la guía de Dios en ese preciso instante, ya que había experimentado varias interrupciones aquella mañana y me estaba costando estar concentrada en lo que tenía que escribir. Varios minutos más tarde, sonó mi teléfono celular, mostrando un número de larga distancia que no reconocía. Normalmente, no respondo el teléfono cuando estoy escribiendo, pero sentí que debía responder esa llamada por si era una emergencia o algo parecido.

Cuando respondí, una voz dulce y querida del otro lado dijo: "¡Oh! Karol, no pensé que atenderías el teléfono. Solo quería dejarte un mensaje y hacerte saber que estoy orando por ti. Habla Debbie Williams, y hace un momento el Señor me impulsó a orar por ti. Ya que te tengo en la línea, ¿necesitas que ore por algo en especial?". Ahora bien, quiero que sepas que hacía mucho que no hablaba con Debbie. Ella es una escritora colega, que ha escrito varios libros específicamente sobre (lo adivinaste) la oración.[2] Ella ama al Señor y es una devota mujer de oración. ¿No te ha dado escalofríos todavía?

Inmediatamente, le conté a Debbie que le acababa de pedir a Dios que alguien orara por mí concerniente a la escritura de este capítulo. Se emocionó de saber que estaba siendo parte del plan de Dios y se alegró de haber seguido el impulso del Señor de llamarme. Si alguien podía entender la presión de quien escribe, era una escritora colega, así que ella sabía exactamente cómo orar por mí. Ella elevó una maravillosa y sentida oración por este libro y para que recibiera la dirección de Dios mientras lo escribía. Luego terminó rápidamente la conversación, porque dijo que no quería quitarme más de mi tiempo para escribir, aunque estuvo de acuerdo en seguir orando por este libro.

Una de mis amigas usa la expresión "piel de Dios" en vez de piel de gallina para referirse a ese leve escalofrío que sientes cuando ves a Dios obrar de manera significativa en tu vida. ¡Tengo "piel de Dios" mientras escribo esto! Amiga mía, quiero que sepas que Él quiere que oremos. Escucha nuestras oraciones y las responde. Puede que no veamos la respuesta de manera tan rápida y obvia como lo vi hoy. Puede que Dios no nos dé exactamente lo que le estamos pidiendo, pero Él escucha nuestras oraciones. Podemos confiar en su soberanía para saber qué es mejor para nosotras. Estoy maravillada por la ternura con que Dios nos ama y cuida de los detalles de nuestra vida. Él no es distante; está cerca. Cuando oramos y vemos a Dios obrar, aumenta nuestra fe en nuestro amado Padre celestial.

Una oración poderosa

Janice Hughes tiene razón: "Rica es la persona que tiene un amigo de oración". Sí, yo soy una persona rica debido a amigas como Debbie y Becky. La iglesia de Colosas también era rica porque tenían un amigo de oración como Pablo. ¿No nos encantaría a todas tener al apóstol Pablo como nuestro guerrero de oración? A continuación tenemos un ejemplo de las poderosas oraciones que él hacía:

Colosenses 1:9-11 (nvi)

Por eso, desde el día en que lo supimos no hemos dejado de orar por ustedes. Pedimos que Dios les haga conocer plenamente su voluntad con toda sabiduría y comprensión espiritual, para que vivan de manera digna del Señor, agradándole en todo. Esto implica dar fruto en toda buena obra, crecer en el conocimiento de Dios y ser fortalecidos en todo sentido con su glorioso poder. Así perseverarán con paciencia en toda situación.

Pablo quería todo lo mejor para los creyentes de Colosas. Anhelaba que ellos llegaran a conocer plenamente la voluntad de Dios mediante la sabiduría y la comprensión espiritual. La sabiduría y la comprensión espiritual son diferentes a la sabiduría y la comprensión del mundo. Dios no quiere que vaguemos sin rumbo por este mundo. Él quiere que sepamos cómo actuar y cómo vivir de acuerdo a su voluntad. Podemos caminar confiadamente cuando sabemos que caminamos sobre el fundamento de su voluntad. Pero ¿cómo conocemos su voluntad? Comenzamos a conocer su voluntad cuando dejamos de pensar como el mundo piensa y nos enfocamos en lo que Dios dice. La Biblia es nuestro recurso que nos enseña qué dice Dios. Él también usa a personas piadosas y consejeros sabios, pero siempre debemos considerar las palabras de ellos a la luz de la Palabra de Dios.

Pablo oró para que los colosenses vivieran una vida digna del Señor y le agradaran en todo. Como cristianas debemos vivir de una manera consecuente con nuestra fe en Cristo. Si decimos que seguimos a Cristo, entonces debemos caminar en obediencia a Él. Jesús dijo: "Si obedecen mis mandamientos, permanecerán en mi amor... Les he dicho esto para que tengan mi alegría y así su alegría sea completa".[3] Hay gran alegría al vivir una vida que agrada a Dios. Es tentador pensar que vivir una vida que nos gratifique a nosotras mismas pueda traernos alegría, pero la alegría real y duradera viene cuando andamos en los caminos de Dios. Pablo quería lo mejor para los colosenses cuando oró para que le agradaran al Señor en todo. Nosotras somos mujeres alegres cuando vivimos una vida que agrada a Dios.

Ahora bien, otro aspecto que conocemos de la voluntad de Dios es que Él ha designado que los cristianos demos fruto. Pablo oró para que los colosenses dieran "fruto en toda buena obra". Imagina la belleza que contiene esta sola frase. Quiero que mi obra dé fruto. No quiero trabajar en vano. ¿Llegas a comprenderlo? Los cristianos que dan fruto ejercen una influencia positiva en este mundo, dado que sus esfuerzos prosperan, crecen y producen alegría en otros. A lo largo de toda la Biblia, encontramos referencias al fruto espiritual. Jesús dijo que cuando permanecemos en Él, llevamos mucho fruto.[4] Pablo escribió que el fruto del Espíritu de Dios es amor, gozo, paz, paciencia, fe, benignidad, bondad, mansedumbre y templanza.[5] ¡Estas sí que son cualidades radiantes!

¡Sí, Señor; permítenos dar fruto en toda buena obra y crecer en tu conocimiento!

Herencia maravillosa

Cuando a Sergey Sudev le dijeron que había heredado 950 millones de euros de un tío lejano, pensó que era una broma; pero pronto se estuvo riendo en el trayecto hacia el banco. Hacía diez años que Sergey no veía a su tío, que vivía en Alemania; al parecer le había causado una buena impresión, porque fue entonces que el tío lo incluyó en su testamento. Como estudiante de Periodismo, Sergey no tenía idea de la posibilidad de heredar una fortuna; pero ahora se había convertido en uno de los hombres más ricos de Moldova, donde el salario mensual promedio es alrededor de 270 euros. Aunque podría cruzarse de brazos a disfrutar de su riqueza, Sudev piensa terminar sus estudios de Periodismo. Por desdicha, estos ahora se ven continuamente interrumpidos por personas que le piden préstamos.

¿Puedes imaginarte ser catapultado de la pobreza a ser una de las personas más adineradas de tu país de la noche a la mañana? Estoy segura de que a Sergey le tomó un tiempo acostumbrarse al hecho de que su vida nunca será igual. La Biblia dice que nosotras también hemos recibido una gran herencia; solo que no es financiera, sino más bien espiritual. Antes de conocer a Cristo, estábamos en bancarrota. Teníamos una deuda que no podíamos pagar debido a nuestro propio pecado y nuestra desobediencia a Dios. No podemos pagar nuestra propia deuda del pecado, solo Cristo puede. Tal vez, estés pensando: *Bueno, no he pecado mucho. Soy una persona bastante buena. Seguramente pueda pagar mi deuda si soy buena.* La Biblia dice que todos hemos pecado y hemos sido destituidos de la gloria de Dios.[6] Y también dice que la paga del pecado es muerte, pero la dádiva de Dios es vida eterna en Cristo Jesús Señor nuestro.[7]

No merecemos recibir una herencia para pagar nuestra deuda por el pecado, sin embargo, Dios la da libremente a todos aquellos que reciben a Cristo por medio de la fe. Así como Sergey recibió su herencia cuando abrió la puerta y la aceptó, nosotras también recibimos nuestra herencia cuando aceptamos a Cristo y confiamos en Él. Cuando Pablo oraba por sus compañeros en la fe, también oraba que dieran gracias con gozo a Dios por la herencia que habían recibido. Es así como lo dice:

COLOSENSES 1:12

Con gozo dando gracias al Padre que nos hizo aptos para participar de la herencia de los santos en luz.

Ahora bien, si hubiera recibido una herencia increíble como la de Sergey, no la guardaría en mi bolsillo en silencio y me iría caminando con el ceño fruncido. No, si fuera yo, ¡estaría cantando, bailando, sonriendo, gritando y contando a otros la buena noticia! Viviría con un corazón alegre y agradecido. Estaría agradecida cada día por lo que recibí. Espera un minuto: ¿Por qué nosotras como cristianas no vivimos así? ¿Por qué no damos gracias con gozo cada día al Padre por lo que Él ha hecho por nosotras? Puedo entender por qué Pablo oró con estas palabras por los colosenses. Nosotras también necesitamos esas palabras buenas. Cuán pronto nos olvidamos de lo que Dios ha hecho por nosotras. Participamos de la herencia de los santos en luz. Medita en esta verdad por un momento, luego con gozo dale gracias al Padre. Pidámosle al Señor que nos ayude a vivir cada día con el gozo de nuestra herencia.

¡Rescatada!

Hace poco Estados Unidos experimentó uno de los peores desastres de petróleo de la historia: la crisis de la fuga de petróleo en el Golfo de México. Una de las muchas víctimas desafortunadas de esta tragedia fue la fauna silvestre. Hemos visto muchas imágenes tristes en los noticieros nocturnos sobre los pelícanos cubiertos de petróleo y el esfuerzo denodado para limpiarlos. Trabajadores rescatistas han estado trabajando incansablemente para agarrar a los pelícanos, cepillarlos y colocarlos en un medioambiente seguro. Las imágenes del antes y después muestran la diferencia drástica de un pelícano cubierto de petróleo y luego transformado en un ave limpia otra vez. De hecho, estoy bastante segura de que esas aves nunca han estado tan limpias en toda su vida.

Los pelícanos no podían limpiarse a sí mismos. Estaban en una situación sin esperanza y necesitaban que los rescataran. El petróleo negro que cubría sus plumas y amenazaba sus vidas es como las tinieblas del pecado que cubría nuestra vida. Nosotras también necesitábamos ser rescatadas del dominio de las tinieblas. Así lo expresa Pablo:

Colosenses 1:13-14 (ntv)

Pues él nos rescató del reino de la oscuridad y nos trasladó al reino de su Hijo amado, quien compró nuestra libertad y perdonó nuestros pecados.

El término *rescate* realmente significa "atraer hacia sí" o "liberar". Dios nos atrajo con amor hacia Él, nos salvó del poder de las tinieblas y nos llevó al reino de su amado Hijo. *Redención* significa que han pagado por nosotras, que hemos sido compradas con el precio de la sangre de Cristo. Somos perdonadas, absueltas; la pena de nuestro pecado es eximida. Para ser clara, no solo no hay consecuencia del pecado, sino que ya no hay castigo por él.

Querida hermana en Cristo, ¿reconoces la hermosa transformación que Dios ha hecho en nuestra vida a través de su Hijo? Cuando leo este pasaje, no puedo dejar de maravillarme por la verdad de la bondad de Dios hacia nosotras. Hemos sido rescatadas, redimidas y perdonadas. ¡Qué confianza podemos tener debido a esta verdad! ¡Qué gozo abundante! ¡Dios lo ha hecho! Nos ha rescatado del lodo y del poder esclavizador del pecado. Él nos ha limpiado y nos ha hecho libres. No significa que nunca más volveremos a pecar, sino que el poder del pecado no tiene control sobre nosotros como creyentes en Cristo.

En este capítulo, hemos recabado grandes verdades de las oraciones de Pablo. Espero que cada una de nosotras haya sido motivada e inspirada no solo a orar más fervientemente, sino también a reconocer la confianza que podemos tener en acudir a Dios como hijas rescatadas y redimidas. Quiero finalizar con una cita de Andrew Murray, que resume mucho de lo que hemos aprendido en este capítulo: "Cada vez que intercedas, primero acalla tu alma y adora al Dios de la gloria. Piensa en lo que Él puede hacer y en cómo se deleita en escuchar las oraciones de su pueblo redimido. ¡Piensa en el lugar y el privilegio que tienes en Cristo y espera grandes cosas!".

Pasos para vivir segura

LECTURA ADICIONAL: Juan 17. Jesús ora por sus seguidores.

LA BATALLA POR LA VERDAD:

Destructor de tu seguridad: *No soy suficientemente buena para que Dios responda mis oraciones.*

Forjador de tu seguridad: Como creyentes, podemos orar con confianza cuando reconocemos el amor y la gracia de nuestro Padre celestial por nosotras.

Opciones:

- Saluda a las personas con amabilidad, no importa cómo sea tu vida.
- Agradece a Dios activa y constantemente por las personas que forman parte de tu vida.
- Crece en el conocimiento de la voluntad de Dios al estudiar su Palabra.
- Pídele a Dios que permita que tu buena obra dé fruto.
- Agradece con gozo a Dios por poder participar de la herencia de los santos en luz.
- Reconoce que has sido rescatada, redimida y perdonada.

Plan deliberado: Ofrécete a ser una guerrera de oración para una amiga.

Así como Pablo oraba diligentemente por la iglesia primitiva, también nosotras podemos ser guerreras fieles para una amiga. Pídele al Señor que te guíe a una amiga por la cual puedas orar constantemente. Comunícate con esa persona y pregúntale si tiene una necesidad de oración específica. Usa la oración de Pablo como un patrón.

Padre maravilloso y fiel, te pido que hagas conocer plenamente a ______________ tu voluntad con toda sabiduría y comprensión espiritual. Y Padre, te pido que ______________viva de manera digna de ti, agradándote en todo. Que dé fruto en toda buena obra, que crezca en tu conocimiento. Te pido que, por favor, ayudes a ______________ a ser fortalecida/o en todo sentido con tu glorioso poder, para que persevere con paciencia en toda situación. Con gozo te doy gracias por considerarnos aptas para participar de la herencia de los santos en luz.

Parte dos

Más semejante a Cristo

Yo soy la vid y ustedes son las ramas. El que permanece en mí, como yo en él, dará mucho fruto; separados de mí no pueden ustedes hacer nada.

Juan 15:5 (nvi)

Si algo he observado por experiencia, es esto: Un hombre podría medir su crecimiento y decadencia en la gracia conforme a sus pensamientos y meditaciones en la persona de Cristo y en la gloria del reino de Cristo y su amor.

John Owen

Capítulo tres

El gozo de conocerlo

En el principio era el Verbo, y el Verbo era con Dios, y el Verbo era Dios. Este era en el principio con Dios. Todas las cosas por él fueron hechas, y sin él nada de lo que ha sido hecho, fue hecho.

Juan 1:1-3

Al mirar a Jesús descubrimos quién es Dios. Él es la imagen del Dios invisible. Nadie ha visto jamás a Dios, pero en Jesús, Él se ha acercado a nosotros y ha llegado a ser uno de nosotros.

N. T. Wright

Cuando era niña solía mirar las antiguas películas de terror en la televisión. Pero las películas de "terror" de antes eran muy diferentes a las de "terror" de hoy. No se veían cosas como masacres sangrientas con una motosierra. No, se veían películas en blanco y negro, casi cómicas, como *Frankenstein y el Hombre lobo* o *La momia vive*. Una película de suspenso que recuerdo haber visto es *El hombre invisible*, basada en un libro de H. G. Wells con el mismo título. Todo trataba sobre un científico que descubre la manera de hacerse invisible y que va por todos lados asustando a las personas (al menos, esto es lo que recuerdo de la película). Imagínate si alguien pudiera realmente ser invisible. En mi imaginación de niña, pensaba que podía haber un hombre invisible de verdad. Por semanas tuve miedo de ir a la cama, porque pensaba que podía haber una persona invisible en mi habitación. Finalmente, mis padres me ayudaron a entender que solo se trataba de una historia y que era científicamente imposible que hubiera un hombre real y verdaderamente invisible. ¡Qué cómico las cosas que nos asustan cuando somos niñas!

El hombre invisible no existe, pero sí el Dios invisible. Y dichosamente, Él no está tratando de asustarnos. A lo largo de toda la Biblia, encontramos referencias al Dios invisible. Pablo escribió a Timoteo: "Por tanto, al Rey de los siglos, inmortal, invisible, al único y sabio Dios, sea honor y gloria por los siglos de los siglos. Amén".[1] Jesús dijo: "Dios es Espíritu; y los que le adoran, en espíritu y en verdad es necesario que adoren".[2] En el Evangelio de Juan, leemos: "Pues la ley por medio de Moisés fue dada, pero la gracia y la verdad vinieron por medio de Jesucristo. A Dios nadie le vio jamás; el unigénito Hijo, que está en el seno del Padre, él le ha dado a conocer".[3]

Es difícil incluso poder imaginar la grandeza e inmensidad de Dios. La hermosa verdad es que, aunque no podemos ver a Dios, podemos ver cómo es al mirar a Jesús. Puede que nos cueste concebir la imagen de Dios con nuestra mente humana, pero Jesús es Dios encarnado. Él es la representación perfecta del Dios invisible. Pablo continuó su carta a los colosenses con el deseo de poner el centro de atención en Cristo. ¿Quién es realmente Jesús? No es un ángel. No es tan solo un buen hombre; es la imagen de Dios, porque es Dios. Así lo expresa Pablo:

COLOSENSES 1:15-20

Él [Cristo] es la imagen del Dios invisible, el primogénito de toda creación. Porque en él fueron creadas todas las cosas, las que hay en los cielos y las que hay en la tierra, visibles e invisibles; sean tronos, sean dominios, sean principados, sean potestades; todo fue creado por medio de él y para él. Y él es antes de todas las cosas, y todas las cosas en él subsisten; y él es la cabeza del cuerpo que es la iglesia, él que es el principio, el primogénito de entre los muertos, para que en todo tenga la preeminencia; por cuanto agradó al Padre que en él habitase toda plenitud, y por medio de él reconciliar consigo todas las cosas, así las que están en la tierra como las que están en los cielos, haciendo la paz mediante la sangre de su cruz.

¡Qué poderosa descripción de Cristo! Si alguna vez has querido entender quién es Jesucristo y qué ha hecho, lo encontrarás clara y acertadamente descrito aquí, en este pasaje. Se considera que este es uno de los pasajes principales de las Escrituras que describe a Cristo. Esta breve porción contiene una verdad tan rica, que me atrevo a decir que podrían escribirse varios volúmenes de libros tan solo sobre este pasaje. Es cristología en su máxima expresión. A fin de descubrir quiénes somos en Cristo, debemos primero saber quién es Él. El camino hacia tu seguridad comienza en Él.

La foto de Dios

Cada vez que alguien ve una foto mía con una de mis hijas, me dice: "Oh, es igualita a ti. Es el vivo retrato de ti". Me encanta especialmente cuando alguien me dice que parecemos hermanas. ¡Sí, esa persona se convierte en mi nueva mejor amiga! Pero si ves una foto mía con mis hijas, la única imagen exacta a mí, en realidad, es la de *mí*, no la de mis hijas. Ahora, si se hubieran inventado las cámaras fotográficas en la época de Pablo, hubiera dicho algo como: "Jesús es la foto de Dios". La palabra para "imagen" en el original griego es *eikon*, que significa semejanza, representación o estatua. De esta palabra, obtenemos la palabra *icono*. En el griego clásico, se refería a una tinta o sello, pero en los tiempos del Nuevo Testamento significaba una copia precisa o réplica exacta. En los términos de hoy día, diría fotocopia o foto. Es como si pudieras sostener tu cámara para tomar una foto del Dios invisible, y la imagen que se produjera en la foto fuera la de Jesús.

¿Por qué es importante esto? ¿Por qué importa que Jesús sea la imagen del Dios invisible? Porque las falsas ideas sobre Cristo proliferan. Proliferaban antiguamente cuando Pablo escribió esta carta, y aún en la actualidad. Como seguidoras de Cristo, debemos saber qué creemos acerca de Él, comenzando con el hecho de que Él es Dios hecho carne. Los eruditos filosóficos de la época de Pablo (los primeros gnósticos) decían que Jesús no pudo haber sido Dios, porque creían que toda la materia o forma carnal era mala. También creían que todo lo del espíritu era bueno. Si Dios fuera bueno (porque es espíritu), entonces no se hubiera hecho carne, que es mala. Debido a su filosofía, no había manera de que un Dios bueno pudiera habitar en un contenido malo o cuerpo humano. Los gnósticos especulaban que Jesús, por ende, debe haber sido un ángel bueno o una emanación, no hombre, no Dios. La intención de Pablo era aclarar la confusión de los colosenses.

Dios no quiere que estemos confundidas con respecto a Cristo. Su divinidad es central para nuestra base y creencia cristiana. Si tú crees que Jesús fue solo un buen hombre, o un profeta sabio o un ángel bueno, entonces estás omitiendo la misma esencia del cristianismo. Pablo dejó en claro que Jesús fue todo hombre y todo Dios. No hay nadie más que concuerde con esa descripción. Cristo es el único y solo Dios en forma humana. Emanuel, Dios con nosotros, enviado a este mundo para ofrecer su vida por nosotros.

En Colosenses vemos una de las declaraciones más fuertes de todas las Escrituras con respecto a la naturaleza divina de Cristo. Es el supremo de toda la creación y de todo ser humano. Es el que nos ha creado y el que nos sustenta. Más adelante, en Colosenses Pablo explica que estamos escondidos en Cristo. Ahora bien, no sé tú, pero si tuviera que esconderme en los brazos de alguien, quisiera poder conocerlo y confiar en él. Dado que este pasaje pinta un verdadero retrato de Jesús en colores vivos, veo el poder y la belleza de Aquel en quien he puesto mi confianza. Sé que puedo poner mi vida segura y confiadamente en sus brazos de amor. Sí, cuando reconozco las verdades que Pablo proclamaba, quiero estar escondida en Jesús. Esto es lo que aprendo de Cristo en este pasaje:

- Él es la imagen visible del Dios invisible.
- Es el primogénito (supremo) de toda la creación.
- En Él fueron creadas todas las cosas.
- Él es antes de todas las cosas.
- Todas las cosas en Él subsisten.
- Es la cabeza de la iglesia.
- Es el primogénito de entre los muertos.
- En todo tiene la preeminencia: es supremo sobre todo, primero en todo.
- En Él habita toda plenitud.
- Dios reconcilió consigo todas las cosas por medio de Cristo… haciendo la paz mediante la sangre de su cruz.

Te alabo, Padre, Hijo y Espíritu Santo, Dios en tres Personas. No hay otro. Tú eres el Dios de toda la creación, el principio y el fin. Dios de amor, de misericordia y de toda sabiduría, toda la gloria y el honor son tuyos. Eres antes que todas las cosas, y por ti todas las cosas existen. Gracias, Dios, por cuidar de mí. Me siento honrada de ser tu hija. Glorioso Dios, gracias por permitirme conocerte a través de tu Hijo Jesús. Santo, Santo, Santo, Señor Dios todopoderoso, quien es, quien fue y que será.

Es personal

¿Qué hacemos con los hechos reales sobre Jesús? ¿Los almacenamos simplemente en nuestro cerebro como un conocimiento importante o son verdades que transforman nuestra vida? Pablo no estaba tan solo enumerando estos hechos reales para beneficio intelectual de los colosenses. Él quería que ellos vivieran, y se movieran y respiraran en Cristo. Una cosa es mirar un retrato de Jesús; otra cosa es conocer personalmente al artífice de toda la creación. Qué maravilloso privilegio tenemos de aceptarlo con nuestro corazón, nuestra mente y nuestra alma. Decidamos conocer a Jesucristo personalmente al estudiar las verdades enumeradas en este pasaje y considerar cómo afectan nuestra vida.

La imagen visible del Dios invisible. Dios se manifestó con amor a la humanidad por medio de Jesús. Dios en su santidad pudo haber elegido seguir distante y desconocido, invisible e intocable. Vuelvo a pensar en el hombre invisible. Él disfrutaba de su anonimato; sin embargo, cuando se enamoró, quiso que su amada conociera quién era y dónde estaba, así que se puso un sobretodo y un sombrero y cubrió su piel con vendas. Como creyentes en Cristo, somos las amadas y preciadas de Dios. Él quería que supiéramos como era, así que en su bondad vino en forma humana. Qué maravilloso es pensar que el Dios de toda la creación, el Supremo Rey de los cielos, decidió acercarse a nosotras y buscarnos, para mostrarse en la forma de Jesús; Dios encarnado.

¿Cómo era Jesús aquí en la tierra? Amor. Un amor lleno de gracia, que perdona y soporta. Él se acercó a las personas desamoradas, heridas y que se sentían solas. Él miraba su corazón. No miraba su posición social, sus logros, su fama o poder. Él veía a las personas por quiénes eran por dentro. Jesús era poderoso, sin embargo, amable. Sabio y entendido. Servía, ayudaba, daba, animaba, exhortaba y decía la verdad en amor. Es un verdadero reflejo de cómo es Dios.

El primogénito de toda la creación. El término *primogénito*, en realidad, se refiere a quien está en un nivel máximo de autoridad, el jefe, el heredero con más privilegio y responsabilidad. Los judíos del primer siglo conocían exactamente lo que significaba en el contexto de sus propias familias. Ellos honraban al primogénito con los más grandes derechos (doble herencia) y una posición privilegiada. Tenían un profundo sentido del respeto por el primogénito, y deben de haber entendido exactamente lo que Pablo quiso decir cuando le atribuyó a Jesús la posición respetada de primogénito sobre toda la creación. Pablo estaba declarando a Jesús como la autoridad suprema y máxima. Él está por sobre toda la creación, aunque Él mismo no fue creado, porque siempre existió. Jesús no fue uno entre muchos dioses. Él fue y es el máximo soberano de todo lo creado.

Él está en autoridad sobre nosotros como su creación. No ha señoreado orgullosamente su condición de preeminencia sobre nosotros, sino que más bien en amor y humildad vino y entregó su vida por nosotros. Podemos decidir confiar en su dirección y reconocer su supremacía, o podemos ir en contra de Él, rebelarnos y hacer las cosas a nuestra manera. Personalmente, prefiero más bien caer en sus poderosos brazos de amor en obediencia a Él. Estamos en buenas manos cuando estamos en sus manos. Él tiene autoridad sobre toda la creación y es soberano sobre todas las cosas. Toda la creación responde a Jesús. Cuando algo no sale como lo habíamos planeado o las circunstancias de la vida son caóticas, podemos experimentar la fortaleza y la paz de saber que toda la creación responde a Aquel que nos sostiene en sus manos. Él está en control y no se sorprende por nuestras circunstancias, sino que nos ayuda a superarlas.

En Él fueron creadas todas las cosas. Jesús creó todas las cosas en el cielo y en la tierra, visibles e invisibles, ya sean tronos, dominios, principados, potestades. ¡Bueno, creo que Pablo abarcó todo! Para los gnósticos de la época de Pablo, esto echaba por tierra toda la teoría sobre Jesús. Recuerda que los gnósticos creían que toda la materia era mala, y Dios era bueno. Ellos creían que Dios no creó la materia y no podía estar vinculado a esta. Obviamente, el argumento de los orígenes y la creación no es nada nuevo. Se ha hablado y debatido sobre esto en todas las generaciones, pero Pablo deja algo perfectamente claro: todas las cosas fueron creadas por Dios. (La Trinidad: Padre, Hijo y Espíritu. Observa los pronombres en plural que leemos en el relato de la creación que se encuentra en Génesis. "Entonces dijo Dios: Hagamos al hombre a nuestra imagen, conforme a nuestra semejanza"[4]).

Él es *el* creador y es *nuestro* creador. Él nos creó a su imagen. No somos su imagen o semejanza exacta (solo Cristo es la imagen exacta de Dios), pero reflejamos su carácter en nuestro ser. Nuestra capacidad de crear, relacionarnos, amar, mostrar paciencia, ser amables, perdonar, todo refleja su naturaleza. Saber que Dios nos creó a su imagen nos da un sentido de valor y propósito. Dios colocó su naturaleza en ti y en mí. Él nos creó, y no comete errores. No escuches esa voz que te susurra al oído: "No vales nada. Tu vida no tiene ningún sentido". Estas son mentiras del enemigo. Tú eres una creación del Dios todopoderoso. Él sabía exactamente lo que estaba haciendo cuando te creó. Escucha su voz que te dice: "Mi hija amada, te conozco desde el vientre de tu madre. No fuiste un accidente. Yo te formé y te creé, y tengo un propósito para tu vida".

La seguridad crece sobre el fundamento de Cristo, cuando sabes quién es Él y que Él te creó y te redimió. Amiga mía, nunca te olvides de que Él te creó. Él conoce tu nombre. Conoce tus dificultades. Entiende tu dolor. Te ama como su creación preciosa. Dedica un tiempo cada día a dar gracias al Señor por crearte. No te estoy pidiendo que lo digas orgullosamente: "Bueno, el mundo tiene suerte de tenerme", sino más bien te animo a orar con humildad: "Gracias, Señor, porque me creaste y porque todo lo que soy viene de ti. Gracias porque tienes un propósito para mi vida y porque me has dotado exactamente para ese propósito". ¿Ves cómo esta oración te despoja de orgullo, aunque desarrolla seguridad, seguridad en Dios? Te reto a dar gracias a Dios diariamente por la manera en que Él te ha creado, porque a Satanás le encantaría que te *olvidaras* todos los días de que eres creación de Dios, formada por sus manos de amor.

Él es antes de todas las cosas. ¿Cuán poderosa es la imagen que tienes de Jesús? ¿Lo ves como un hombre manso que caminó sobre esta tierra, como en los dulces retratos de la escuela dominical que pendían de la pared? ¿O reconoces que Él es todo, el Dios todopoderoso, el Alfa y la Omega, el gran YO SOY? Desde la eternidad hasta la eternidad, Cristo no tiene principio ni fin. Él es el Eterno, el Señor de todo, el que fue, el que es y que será.

Es imposible llegar a entender el concepto de la eternidad, ¿no es cierto? Como ex profesora de Matemáticas, solía usar una línea numérica para representar cómo siguen los números hasta el infinito en ambas direcciones. La existencia de Jesús es infinita en ambas direcciones, como lo vemos representado en la línea numérica. En realidad, Él es infinito en todas direcciones, tiempo y espacio incluidos. Por otro lado, nuestra existencia es como un rayo, que es una línea con un punto de partida que sigue en una dirección. Fuimos creadas y pasaremos la eternidad con Dios o sin Él. Cuando nuestra esperanza está puesta en el Eterno, podemos alegrarnos de saber que un día estaremos con Él en la eternidad.

¡Cuán asombroso es pensar que el Dios eterno cuida de mi vida y de la tuya! Él quiere que pasemos la eternidad con Él y por eso envió a Jesús a morir en la cruz. La dádiva de Dios es vida eterna por medio de la fe en Jesús. La Biblia nos recuerda: "Mas la misericordia de Jehová es desde la eternidad y hasta la eternidad sobre los que le temen". Así como Dios no tiene límites, su amor tampoco tiene límite para aquellos que creen. Como la altura de los cielos sobre la tierra, tan grande es su amor por los que le temen. Cuanto está lejos el oriente del occidente, hizo alejar de nosotros nuestras rebeliones.[5]

Al observar que Dios es infinito y no tiene límites, A. W. Tozer escribió: "Ante la contemplación y manifestación de su majestad, toda elocuencia se queda muda, y con razón, todo esfuerzo mental resulta débil. Porque Dios es mayor que la misma mente".[6] Tozer siguió hablando del amor infinito del Padre. "Su amor es algo que Él es, y porque Él es infinito, ese amor puede envolver en sí mismo a todo el mundo creado y seguir teniendo lugar para diez mil veces diez mil mundos más".[7] ¡Oh, la grandeza del Dios eterno! Su misericordia no tiene límite. ¡Alégrate en su amor eterno!

Todas las cosas en Él subsisten. En el universo físico, observamos la belleza de la obra de sus manos y nos damos cuenta de que todas las cosas subsisten en Dios, desde la gran extensión de las galaxias en el universo hasta el microscópico ADN de nuestro cuerpo. Debemos cuidar de su creación y no abusar de ella, ya sea de nuestro medioambiente o de nuestro cuerpo. Al reconocer a Jesús como el Creador y Sustentador de toda la creación, también debemos entender que nada sucede separado de Él. Un buen equilibrio es que respetamos la creación porque amamos al Creador, porque reconocemos que no tenemos el futuro de la creación en nuestras manos; Dios lo tiene.

No podemos ignorar el perfecto equilibrio que existe sobre nuestro propio planeta y dentro de él, y debemos reconocer que en Jesús indudablemente subsisten todas las cosas. Hank Hanegraaff, presidente del Instituto Internacional de Investigación Cristiana, lo expresa de esta manera:

> Desde las temperaturas hasta las mareas y el agua de grifo, y un gran número de otras características que tan fácilmente damos por sentadas, la tierra es una obra maestra planetaria sin comparación. Como el *Mesías* de Handel o *La última cena* de da Vinci, nunca debería empeñarse negligentemente como resultado de procesos evolutivos a ciegas.[8]

Conocer a Aquel que sustenta todas las cosas nos da un gran consuelo sobre muchos frentes. Puede que no sepa qué me esté por suceder o lo que me depare el mañana, pero sé quién tiene en sus manos el mañana. Él es nuestro Guardador y nuestro Sustentador. Me vienen a la mente las palabras del salmista:

> *Alzaré mis ojos a los montes; ¿de dónde vendrá mi socorro? Mi socorro viene de Jehová, que hizo los cielos y la tierra. No dará tu pie al resbaladero, ni se dormirá el que te guarda. He aquí, no se adormecerá ni dormirá el que guarda a Israel. Jehová es tu guardador; Jehová es tu sombra a tu mano derecha. El sol no te fatigará de día, ni la luna de noche. Jehová te guardará de todo mal; el guardará tu alma. Jehová guardará tu salida y tu entrada desde ahora y para siempre.*[9]

Como el Creador y Artífice de la vida, Él puede tomar los pedazos rotos de nuestra vida y unirlos para formar un bello mosaico. Él sustenta nuestra vida cuando no le encontramos sentido a nuestras decepciones. Él sustenta nuestra vida cuando nuestra familia, nuestro trabajo o nuestra economía se derrumban. Amiga mía, recurre a Él en busca de paz y fortaleza en medio de las tormentas de la vida. Él puede sustentarte cuando sientes que no puedes seguir adelante. Busca su rostro; pídele su consuelo y su dirección. Lánzate a los brazos de Aquel que es tu Guardador, tu Sustentador, tu Creador.

Él sustentaba su vida

En medio del dolor y las dificultades, Leslie O'Hare aprendió que era Dios quien la sustentaba y tenía un plan para toda su vida. En el siguiente relato de su historia, obtenemos una vislumbre de su vida:

> ¿Has experimentado alguna vez un "momento de comprensión"? Algunos podrían decir que es una lección de vida, pero yo prefiero decir que es un "momento de comprensión", porque una vez que comprendes el hecho de que Dios te ama y que puede unir los pedazos de tu vida, lo asimilas y no lo olvidas jamás. Deberíamos ver cada día de nuestra vida como un nuevo día de mayor aprendizaje que el anterior. Bueno, yo lo comprendí realmente hace casi un año. Ten en cuenta que siempre había pensado que lo comprendía. Hasta que pasé casi veinte años de mi vida buscando y esperando cumplir el sueño y el profundo anhelo de ser una exitosa anfitriona de programas televisivos de entrevistas y una mujer de negocios. Quería edificar mi propio imperio de medios de comunicación. Puede que digas: "Caramba, ¿te llevó veinte años comprenderlo?". Sí, veinte años, pero lo más importante es que lo comprendí.
>
> No comprendía muy bien por qué tuve un padre que decidió no tener nada que ver conmigo, pero que se desvivía por los hijos con su otro matrimonio. Cuando tenía poco más de veinte años, mi madre y yo nos mudamos a la ciudad de Nueva York para poder iniciar mi carrera de actuación en *El Show de Bill Cosby*, así como mi carrera de modelaje. No comprendía por qué cuando parecía que las cosas iban muy bien en mi carrera, mi madre se enfermó gravemente. Tuve que convertirme en su madre y, con la ayuda de Dios, atenderla hasta que recuperara su salud. No comprendía por qué tenía que tomar la decisión de abandonar mis esperanzas y sueños para asumir el rol de madre y cuidar de mi propia madre. No entendía por qué durante esos años en que tuve que cuidar de mi madre, estábamos tan mal económicamente que, de manera literal, vivíamos al día y a duras penas llegábamos a fin de mes. A tan temprana edad, tuve que hacerme cargo de pagar todas las cuentas de la casa. Finalmente, mi madre comenzó a mejorar, y Dios le dio

fuerzas para seguir viviendo, aunque con algo de dolor, pero viva y ya en condiciones de cuidar de sí mima.

No comprendía por qué mi relación con mi madre se había malogrado cuando decidí casarme. A ella le costó entender que yo necesitaba dejar el nido a fin de crecer y llegar a entender quién quería Dios que fuera. No entendía por qué, aunque Dios me había dado puestos en corporaciones de Estados Unidos después de abandonar mi carrera de actuación, encontré en el camino muchos celos y amargura de parte de mujeres colegas debido a mi fuerte ética laboral, la cual me permitió ser constantemente promovida.

Como ves, durante esas pruebas y tribulaciones, siempre sentí que daba un paso hacia adelante y cincuenta para atrás. Cada vez que trataba de levantar la cabeza para intentarlo de nuevo y perseguir el talento que Dios me había dado, otra cosa se interponía en mi camino que me tiraba abajo. Sin embargo, finalmente tuve mi "momento de comprensión"... Durante esos tiempos en que sentía como si estuviera en un cuarto oscuro donde se revelan fotografías, me di cuenta de que Cristo me estaba desarrollando, educando, fortaleciendo y capacitando para estar preparada para este tiempo. Cristo me estaba preparando para una nueva etapa en mi vida. Gracias doy a Dios por la oportunidad de debutar en mi segundo programa televisivo de entrevistas y porque me estoy preparando para lanzar una revista nacional para mujeres llamada: *L: The Leslie Magazine.*

¡No te rindas nunca! Debes pasar la prueba del tiempo. Aférrate a la promesa que Cristo te hizo y persevera con fe. Solo debes saber que el sueño de Dios para tu vida es mucho más grande que cualquier cosa que estés atravesando. En todo lo que haces y con toda persona con la que te encuentres día a día, asegúrate de tener un "momento de comprensión".[10]

Cuando reconocemos que Cristo es nuestro Creador, Redentor y Aquel que sustenta nuestra vida, comenzamos a "comprenderlo", como Leslie contó. Llegamos a comprender que Dios no desperdicia nuestro dolor, sino que usa cada dificultad para ayudarnos a ser más sabias y fuertes. Él no nos deja, ni siquiera cuando no lo sentimos o no lo vemos.

Él nos tiene en sus manos. El salmo 37 nos recuerda: "Por Jehová son ordenados los pasos del hombre, y él aprueba su camino. Cuando el hombre cayere, no quedará postrado, porque Jehová sostiene su mano".[11]

No solo un buen hombre

No seamos engañadas por algunas personas que quieren que pensemos que Jesús era solo un buen hombre. Está bien, sí, era un buen hombre; pero ¡era y es mucho más! Yo no digo que soy cristiana solo porque sigo a un "buen hombre". Digo que soy cristiana porque he puesto mi fe en el Hijo de Dios, que murió por mí en la cruz. Mi esperanza no se fundamenta en un buen hombre. Mi esperanza se fundamenta en el poderoso Hijo de Dios que es todo hombre y todo Dios y que estuvo dispuesto a sacrificar su vida por nosotros para que aquellos que creemos podamos pasar la eternidad con Él. La Biblia dice: "Y en ningún otro hay salvación; porque no hay otro nombre bajo el cielo, dado a los hombres, en que podamos ser salvos".[12] Vamos a examinar algunos otros atributos que Pablo pregonó en nuestro pasaje.

Él es la cabeza de la iglesia. Si alguna vez la iglesia te ha herido o los cristianos te han desilusionado, entonces puede que este no te parezca un gran título. Cuando pienses en la iglesia, no pienses tan solo en religión, o en un edificio o en una denominación. La iglesia es el cuerpo de creyentes; todos aquellos que han puesto su fe en Cristo. Con Él como nuestra cabeza, estamos bajo su autoridad. La palabra *cabeza* en realidad significa "fuente u origen" así como "líder o soberano". La iglesia comenzó con Cristo, y todavía vemos a Cristo como nuestra autoridad y nuestro líder.

Si consideramos la ilustración del cuerpo y la cabeza, entonces así como la cabeza (el cerebro) controla cada parte del cuerpo, Cristo controla cada parte del cuerpo de creyentes. El cuerpo va adonde la cabeza decide ir. Las manos y los pies son partes útiles del cuerpo que realizan las tareas, pero cada parte está bajo la dirección de la cabeza. Las sectas generalmente están centradas en una *persona* como su líder en vez de Cristo. Como cuerpo de Cristo, debemos mirarlo a Él para recibir dirección, como nuestro líder y nuestra autoridad. Sin duda, Dios ha puesto personas en posiciones de liderazgo dentro del cuerpo, y ellas también deben responder a Cristo. El mensaje para cada creyente es seguir el liderazgo de Cristo en nuestra vida. Mirar, escuchar y obedecer a Cristo. Como un cuerpo de creyentes, trabajamos juntos en amor bajo su autoridad.

Él es el primogénito de entre los muertos. Recuerda que el término *primogénito* significa "figura principal o privilegiada". Cristo fue el primero en resucitar y no volver a morir. La belleza sobrenatural de la resurrección es que establece su autoridad sobre la muerte y sirve como recordatorio de que esperamos con ansias el día que tengamos un cuerpo resucitado. La muerte no es el final. Él se levantó de la muerte y declaró victoria sobre la tumba. Podemos alegrarnos en el hecho glorioso de que la muerte no es el final. Podemos vivir con la seguridad de la resurrección y saber que no necesitamos temer a la muerte.

El poder de la resurrección nos da seguridad no solo para nuestro futuro, sino también para nuestra vida aquí y ahora. Servimos a un Salvador resucitado, y el mismo Espíritu que resucitó a Cristo de la muerte vive dentro de nosotros. El poder de la resurrección no fue simplemente algo que sucedió en la tumba; sigue repercutiendo sobre nuestra vida hoy al vivir con su fortaleza. En el libro de Romanos, leemos lo que el poder de la resurrección significa para nosotros como creyentes.

> *Pero si Cristo está en ustedes, el cuerpo está muerto a causa del pecado, pero el Espíritu que está en ustedes es vida a causa de la justicia. Y si el Espíritu de aquel que levantó a Jesús de entre los muertos vive en ustedes, el mismo que levantó a Cristo de entre los muertos también dará vida a sus cuerpos mortales por medio de su Espíritu, que vive en ustedes.*[13]

Debido a la resurrección, podemos experimentar vida abundante aquí, así como vida eterna en el cielo. ¡El Espíritu que levantó a Cristo de la muerte vive dentro de nosotros! ¡Qué seguridad tenemos al saber esto! No estamos solas. No somos impotentes frente al pecado. Tenemos un Ayudador y un Consolador que nos fortalece y nos guía.

En todo tiene la preeminencia. ¡Absoluta preeminencia! Parece una película de Arnold Schwarzenegger, ¿no es cierto? Jesús es supremo sobre toda la creación en la tierra y sobre el mundo espiritual. Él es supremo o primero sobre —no algunas cosas, no casi todas las cosas— ¡todas las cosas! Imagina a un atleta que clasifica primero en cada carrera. ¿No te gustaría estar en su equipo? Como creyentes en Cristo, ¡somos parte de su equipo! Otras religiones afirman seguir a un profeta o adorar a muchos dioses. Algunas afirman seguir ciertos sistemas o formas de iluminación espiritual. Pablo lo declaró inequívocamente: Jesús está sobre todo.

Hay un gran consuelo en poner tu fe en Cristo, el único y solo Dios supremo. Ya no tenemos que ser presa de la preocupación y el temor cuando reconocemos la grandeza de Cristo que nos ama. G. Campbell Morgan dijo: "El hombre que mide las cosas por las circunstancias del momento se llena de temor; el hombre que ve a Jehová entronado y soberano no se amedrenta".[14] Cuando parece que la vida se derrumba, conocemos a Aquel que está sobre todas las cosas y podemos entregarle nuestras preocupaciones directamente a Él.

En Él habita toda plenitud. La totalidad de las cualidades divinas tiene su residencia permanente en Cristo. La palabra para "plenitud" es *pleroma*. Los gnósticos la usaban a menudo para referirse a la suma o al total de todo el poder divino. Los gnósticos decían que Jesús no tenía este *pleroma*, o plenitud de Dios, en Él. Pablo puso un alto a este contrasentido de manera categórica. Los cristianos necesitaban entender que la plenitud de Dios habitaba en y a través de Cristo. Más adelante, en Colosenses, Pablo usa la palabra *pleroma* otra vez cuando declara que "en Cristo toda la plenitud de la deidad vive en forma humana".

Jesús era Dios encarnado, Dios en la carne. Por eso dijo: "El que me ha visto a mí, ha visto al Padre". Y otra vez dijo: "Yo soy en el Padre, y el Padre en mí".[15]Jesús era Dios en forma humana. Si alguna vez encuentras a alguien que cuestiona su deidad, yo le mostraría estos pasajes. No solo toda la plenitud de Dios vive en y a través de Jesús, sino que Pablo también dijo en Colosenses que estamos completos en Cristo.[16] ¡Extraordinario! ¡Esto nos alecciona y deslumbra al mismo tiempo! Como seguidoras de Cristo, deberíamos mostrar al mundo cómo es Jesús, así como Él nos mostró cómo es Dios. ¿Ven otros la plenitud de Dios en nuestra vida? ¿Sienten la calidez de su amor a través de nuestro amor y bondad?

Padre, te pido que brilles a través de mi vida y no permitas que mis deseos pecaminosos y egoístas me impidan demostrar tu amor al mundo.

Dios reconcilió consigo todas las cosas por medio de Cristo haciendo la paz mediante la sangre de su cruz. Esto es el evangelio. Dios nos restauró a una relación correcta con Él. ¿Cómo? Por la sangre derramada de Cristo en la cruz; no por nuestras propias obras de justicia, sino por su obra en la cruz. Él intercambió nuestro pecado por su justicia. Estamos en paz con Dios por medio de la fe en lo que Cristo hizo por nosotras. ¡Oh, qué amor tan profundo de Dios, que nos abrió el camino para que fuéramos reconciliadas con Él! ¡Oh, qué preciosa la sangre de Cristo derramada en la cruz por nosotras! Dios pagó un alto precio por nosotras. Somos amadas.

¿Por qué un sacrificio de sangre? ¿Por qué Jesús tuvo que derramar su propia sangre en la cruz? En el Antiguo Testamento, leemos que Dios nos dio la manera de expiar nuestros pecados por medio del sacrificio de animales. Aunque parece horrible, el horror del pecado tuvo que ser pagado para que el pueblo de Dios fuera hecho justo con Él. Dios en su misericordia puso final al sacrificio de animales de una vez por todas al enviar el sacrificio perfecto, Jesús. La muerte de Jesús en la cruz fue el sacrificio final. Él proclamó desde el madero: "Consumado es". La deuda del pecado se había pagado por medio de su sacrificio voluntario. Nadie tiene mayor amor que este, que uno ponga su vida por sus amigos. Jesús entregó su vida por ti y por mí. No hay amor más grande.

Jesús fue la dádiva de Dios al mundo. "Porque de tal manera amó Dios al mundo, que ha dado a su Hijo unigénito, para que todo aquel que en él cree, no se pierda, mas tenga vida eterna. Porque no envió Dios a su Hijo al mundo para condenar al mundo, sino para que el mundo sea salvo por él. El que en él cree, no es condenado; pero el que no cree, ya ha sido condenado, porque no ha creído en el nombre del unigénito Hijo de Dios".[17] ¡Qué maravilloso es conocer el amor de Dios y recibir la dádiva que Él ha dado a este mundo!

Los regalos no se ganan, se reciben. La Biblia dice: "Porque por gracia ustedes han sido salvados mediante la fe; esto no procede de ustedes, sino que es el regalo de Dios, no por obras, para que nadie se jacte".[18] Somos salvas por la gracia de Dios. Cuando ponemos nuestra fe en Cristo, ya no somos condenadas, sino perdonadas. Podemos tener la seguridad eterna, al saber que nuestros pecados son perdonados y que un día viviremos con Él en la gloria. ¿Puede haber amor más grande? Vive segura en su amor, amiga mía.

Pasos para vivir segura

LECTURA ADICIONAL: Juan 1. Dios se hizo carne

LA BATALLA POR LA VERDAD:

Destructor de tu seguridad: *Soy un error. Mi vida no tiene sentido.*

Forjador de tu seguridad: Como creyentes en Cristo, podemos tener la seguridad de que el Dios todopoderoso nos creó con un propósito y tiene nuestra vida en sus manos.

OPCIONES:

- Reconoce a Jesús como la imagen exacta de Dios.
- Confía en Él como tu Creador. • Agradece a Dios cada día por crearte y por el plan que tiene para tu vida.
- Considera a Dios como el que sustenta tu vida.
- Alábalo por su preeminencia sobre toda la creación.
- Cree que Él es tu salvación.
- Busca su dirección, su consuelo y su ayuda.
- Respeta a toda la creación.
- Cree en el Señor Jesús, que dio su vida como pago por tus pecados.
- Vive con la seguridad eterna de saber que eres amada y no eres condenada.

PLAN DELIBERADO: Medita en las verdades acerca de Cristo.

En este capítulo, aprendimos verdades transformadoras concernientes a quién es Cristo y qué significa para nosotras. Quiero animarte a meditar deliberadamente en cada uno de estos aspectos de Cristo. Toma uno de los atributos enumerados a continuación y enfócate en él durante toda la semana. Escríbelo en tarjetas y ponlas en el espejo de tu baño o sobre el fregadero de tu cocina. Escribe un diario personal sobre lo que aprendes al meditar en cada una de estas verdades. Trata de buscar oportunidades de hablar sobre los atributos de Cristo a lo largo de la semana con tu familia y amigas. Da gracias a Dios por cada atributo mientras meditas en ellos. Esta es la lista:

- Él es la imagen visible del Dios invisible.
- Es el primogénito (supremo) de toda la creación.
- En Él fueron creadas todas las cosas.
- Él es antes de todas las cosas.
- Todas las cosas en Él subsisten.
- Es la cabeza de la iglesia.
- Es el primogénito de entre los muertos.
- En todo tiene la preeminencia. Es supremo sobre todo, primero en todo.
- En Él habita toda plenitud.
- Dios reconcilió consigo todas las cosas por medio de Cristo haciendo la paz mediante la sangre de su cruz.

Capítulo cuatro

Abraza al amante de tu alma

En esto se mostró el amor de Dios para con nosotros, en que Dios envió a su Hijo unigénito al mundo, para que vivamos por él.

1 Juan 4:9

Lo más importante en nuestra vida cristiana no es cómo nos vemos a nosotros mismos o cómo nos ven los demás, sino cómo nos ve Dios.

Warren W. Wiersbe

Hace muchos años, una joven pareja hizo un viaje misionero a un pequeño pueblo de Corea del Sur, un lugar donde el evangelio nunca se había predicado. La noticia de su llegada se propagó con rapidez por toda la región, y parecía que todo el pueblo había salido para escuchar su mensaje. Mientras ambos anunciaban con devoción la historia del amor de Dios y la verdad acerca de Jesús, las personas escuchaban atentamente y hacían preguntas profundas. El encuentro continuó hasta tarde aquella noche. Al final, los misioneros exhaustos terminaron la reunión para ir a descansar un poco. Se les había dado una pequeña habitación, que estaba justo al lado del salón de reunión, pero aunque trataron de hacer todo lo posible para dormir, los pobladores seguían murmurando y hablando en el salón.

A las dos de la mañana, sin poder dormir, los misioneros cansados y frustrados decidieron volver al salón y averiguar por qué las personas seguían hablando. El líder del pueblo les respondió: "¿Cómo vamos a dormir? Nos han dicho que el Poder Supremo no es un espíritu maligno que trata de hacernos daño, sino un Dios de amor que dio a su único Hijo para nuestra salvación, y que si nos alejamos de nuestros pecados y confiamos en Él, podemos tener libertad del temor, guía en nuestras confusiones y consuelo en nuestro dolor. ¿Cómo podemos dormir después de un mensaje como este?".

Los dos misioneros se sobrepusieron rápidamente a su cansancio. Estimulados por el interés de los pobladores, se sentaron con sus nuevos amigos coreanos y durante el resto de la noche hablaron del tesoro de conocer a Jesús.[1] ¡Oh, qué gozo el mensaje del evangelio! ¿No desearías tener el mismo entusiasmo que tenían esas personas por el evangelio? Me atrevo a decir que la mayoría de nosotras muy difícilmente se quede despierta toda la noche para leer una novela emocionante o mirar nuestra película o DVD favoritos. Y ¿quedarse despierta toda la noche solo para hablar de Jesús? ¡Estas personas estaban entusiasmadas! Y bien que deben haberlo estado. Es emocionante pensar en el gran amor de Dios por nosotras, en su perdón y en la vida fructífera y abundante que tenemos en Cristo. Pero seamos sinceras, pienso que la mayoría de las personas vive como si la etapa de la luna de miel de la vida cristiana hubiera caído en la tediosa rutina de ir a la iglesia y tal vez cursar uno o dos estudios bíblicos. La emoción se ha apagado, la novedad se ha desgastado, y el gozo inicial ha disminuido totalmente.

No tiene que ser de esta manera. ¡El evangelio es emocionante! ¡Pensar en el amor del Padre por nuestra vida es desbordante y conmovedor, al punto de quedarnos despiertas toda la noche! Es mi esperanza que al leer este capítulo experimentes un viento fresco y un nuevo fuego por Cristo. Espera; voy a ir más allá y decir que creo que este capítulo cambiará tu manera de verte y pensar de ti. Abrirá tus ojos al Amante de tu alma, para que puedas verte como Dios te ve. Puede que este sea uno de los capítulos más liberadores, gratificantes y transformadores que alguna vez hayas leído. El mensaje de Dios, que se encuentra en Colosenses, te mostrará una visión del antes y después, que te ayudará a apreciar verdaderamente la transformación que Cristo ha hecho en tu vida.

Qué eras

Es posible que la mayoría de nosotras haya atravesado algunos "años de fealdad"; ese tiempo en el que estábamos desarrollándonos y en el que, simplemente, nos veíamos lamentables. Para la mayoría de nosotras, eso sucedió durante aquellos complicados primeros años de la escuela secundaria. Personalmente, todavía siento pena cuando veo fotos de esos años. Mi nariz era demasiado grande para el resto de mi cara, mis frenos dentales hacían que mis labios se vieran como si hubieran salido mal de una cirugía. Y ni hablar de mis ojos. Eran las primeras veces que me maquillaba, y creo que me pasaba un poco con la máscara para pestañas y el delineador azul. ¿Y por qué mi mamá me dejaba peinar el cabello de esa manera? Probablemente, porque discutía con ella hasta que le agotaba la paciencia. Gracias a Dios que no nos quedamos en esa etapa para siempre.

De manera similar, antes de conocer a Cristo estábamos en una etapa de fealdad. Si te has olvidado de la fealdad de aquellos años, Pablo nos lo recuerda con una breve descripción. Este es el cuadro que él describe de nuestros años espiritualmente feos antes de conocer a Cristo:

COLOSENSES 1:21 (NVI)

En otro tiempo ustedes, por su actitud y sus malas acciones, estaban alejados de Dios y eran sus enemigos.

Ahora bien, puede que estés pensando: ¡Yo no! Yo no era una persona tan mala antes de *conocer a Cristo.* Puede que no hayas sido externamente mala, pero Pablo está describiendo una condición espiritual interna. Lo sé porque una vez fui una de esas "niñitas buenas" que hacía todo bien en mis acciones, pero era fea por dentro y no conocía a Cristo. Pablo usó la palabra "alejados", que significa "enemistados". Estábamos separados de Dios. Nuestro pecado nos separa de Dios. En otras palabras, el pecado nos aleja del Padre. En la carta de Pablo a los romanos, leemos: "Por cuanto los designios de la carne son enemistad contra Dios; porque no se sujetan a la ley de Dios, ni tampoco pueden; y los que viven según la carne no pueden agradar a Dios".[2]

No quiero ser una persona negativa que hable de cuán malas éramos. Pero para entender cuán grande es el amor de Dios hacia nosotras, primero debemos visualizar cuán lejos estábamos de Dios. Sí, estábamos en territorio enemigo. Estábamos enemistadas en nuestra mente. Nuestra mente es un campo de batalla, ¿no es cierto? En ella podemos albergar odio y amargura hacia Dios y asimismo hacia el prójimo. Y podemos desarrollar desprecio por nuestra propia persona. Nuestra mente es importante para Dios. Él quiere que lo amemos con toda nuestra mente. Antes de conocer a Cristo, nuestra mente no entendía el amor que Dios tiene por nosotras. De hecho, una de las peores mentiras que podemos creer es que no es posible que Dios nos ame. Pero cuando llegamos a entender el amor de Dios en toda su verdad, nuestra mente comienza a cambiar.

Qué eres

Aunque estábamos separadas de Dios y enemistadas en nuestra mente, Él se acercó a nosotras y nos amó. No solo nos ama con amor inagotable, sino que nos ha hecho santas delante de Él. Léelo a continuación:

Colosenses 1:22 (nvi)

Pero ahora Dios, a fin de presentarlos santos, intachables e irreprochables delante de él, los ha reconciliado en el cuerpo mortal de Cristo mediante su muerte.

En mis años de fealdad, esos lamentables primeros años de la escuela secundaria, quería una cosa. Bueno, en realidad, dos cosas. Quería un novio, pero aun más que eso, quería ser intachable. Sí, no mencioné anteriormente que mi fealdad estaba acentuada por el acné. Intentaba de todo, pero esos horribles barritos no desaparecían. Al final, mi madre tuvo misericordia de mí y me llevó a un dermatólogo, quien me dio una loción para la piel. Y también me dio una dosis baja de antibiótico para tratar con la infección bajo la piel. Pronto estaba sonriendo (nada menos que con esos encantadores frenos de metal) porque mi rostro estaba radiante, libre de impurezas. Quisiera poder decir que las cosas me fueron igual de bien en la categoría de novios, pero al menos no me fue tan mal en uno de mis dos deseos.

Por medio de la muerte de Cristo en la cruz, estamos libres de impurezas (no del tipo facial, sino espiritual) y somos irreprochables. Nuestra vida estaba totalmente cubierta de pecado, pero Cristo nos limpió. Nos limpió por dentro y acabó con la infección del pecado en nuestra vida de una vez y para siempre. Somos santas delante de Él. Eso es maravilloso. ¿Me quieres decir que cuando Dios me mira, ve una persona limpia y perdonada? Sí, como creyentes en Cristo hemos sido reconciliadas, hechas justas con Dios. Ya no estamos alejadas o separadas de Él. La Biblia dice que no hay condenación para los que están en Cristo Jesús.[3]

Pero yo sigo pecando. ¿Cómo puedo ser santa e irreprochable si sigo pecando? Porque el castigo de nuestro pecado, la condenación, se puso sobre Cristo. Él llevó ese castigo en la cruz. Nosotras seguimos pecando y seguimos experimentando algunas de las consecuencias naturales de nuestro pecado, pero nuestro estado espiritual es perdonado. Sucede como en un tribunal de justicia: cuando un juez declara a una persona inocente, es exonerada de todas las acusaciones y cargos. En un sentido legal, es como si el delito nunca se hubiera cometido. La mejor ilustración que alguna vez escuché fue la enseñanza de un pastor que oí cuando era niña.

Él contó la historia de un niño que estaba mirando un desfile con su padre. Estaban dentro de un comercio mirando a través de las vidrieras gigantes. En un momento, el padre exclamó:

—Oh, mira el uniforme de color rojo vivo de la banda musical.

Pero el niño dijo:

—No veo uniformes rojos, veo uniformes blancos.

—No, hijo, son rojos. ¿No puedes ver que son de color rojo vivo? —contestó el padre.

En ese momento, el padre bajó la vista y notó que su hijo estaba observando el desfile a través de un trozo de celofán rojo que era parte de una publicidad en la vidriera de la tienda. Cuando miras objetos blancos y rojos a través de un celofán rojo, todo se ve igual y da la impresión de que todos los objetos son blancos. Así como el niño solo veía uniformes blancos a través del celofán rojo, Dios nos mira a través de la sangre de Cristo y nos ve limpias y perdonadas.

El acusador

Dado que ya hemos comenzado el horrible capítulo de mis primeros años de la secundaria, pienso que debería contarte un doloroso recuerdo. Como sabrás, al ser una muchacha rubia y de tez blanca, se notaba mucho cuando me sonrojaba. Me ponía roja como un tomate cada vez que tenía que pararme delante de la clase para hablar. Era horrible, no porque mi cara se viera tan mal, sino porque algunos de los chicos se reían histéricamente de mí cada vez que hablaba. Había un grupo de varones que parecía esperar con ansias cada vez que tenía que pararme en frente de la clase solo para ver lo colorada que me ponía. Creo que mi sonrojo era una buena forma de entretenimiento en una clase que, de otra manera, hubiera sido aburrida.

Incluso en los pasillos fuera de la clase, los varones me señalaban y gritaban: "Allá va la chica de la cara colorada". Digamos que estos no son los recuerdos más preciados de los primeros años de la escuela secundaria.

Sus acusaciones y burlas fueron acabando con mi confianza hasta llegar a nivel cero. Es maravilloso levantarme y hablar en frente de grupos de personas hoy. ¿Cómo superé la ridiculización? Tuve que cambiar mi enfoque y mi manera de pensar. Solo estaba enfocada en lo que todos pensaban de mí y en el hecho de que siempre me ponía colorada como un tomate. Pero cuando empecé a enfocarme en lo que tenía que decir y en la información que estaba dando y dejé de pensar en esos varones, cada vez me puse menos nerviosa. Cuando no pensaba en mí, mis temores mermaban. Finalmente los acusadores se callaron, y mi confianza creció.

La Biblia nos recuerda que Satanás, nuestro enemigo, es un acusador. A él le encantaría que creyéramos que no tenemos ningún valor y que dudáramos del amor y el perdón de Dios por nosotras. Él no quiere que reconozcamos que hemos sido reconciliadas con Dios a través de Cristo. Así escuchamos su voz que nos susurra a nuestro oído: "¿Cómo puedes ser santa delante de Dios después de lo que hiciste? Las personas que han sido reconciliadas con Dios no mienten, ni engañan ni se enojan cuando otro auto les cierra el paso en el tráfico. Seguramente los cristianos no discuten con su cónyuge, ni murmuran de sus vecinos ni se disgustan porque no recibieron el aumento de salario que querían. ¡Olvídate! No hay manera de que seas santa delante de Él". Cuando escuchamos esa voz, nuestro nivel de confianza como hijas amadas de Dios baja a nivel cero.

No debemos escuchar la voz del acusador; en cambio debemos escuchar la voz de Dios. ¿Qué nos dice su Palabra? Dilo conmigo: "Pero ahora Dios, a fin de presentarlos santos, intachables e irreprochables delante de él, los ha reconciliado en el cuerpo mortal de Cristo mediante su muerte". El acusador no quiere que nos enfoquemos en lo que Cristo ha hecho por nosotras y dónde estamos en Él. Es de gran alegría saber que hemos sido reconciliadas con Dios. No dejes que el acusador te robe esa alegría. La Biblia nos recuerda:

> *Dios mostró el gran amor que nos tiene al enviar a Cristo a morir por nosotros cuando todavía éramos pecadores. Entonces, como se nos declaró justos a los ojos de Dios por la sangre de Cristo, con toda seguridad él nos salvará de la condenación de Dios. Pues, como nuestra amistad con Dios quedó restablecida por la muerte de su Hijo cuando todavía éramos sus enemigos, con toda seguridad seremos salvos por la vida de su Hijo. Así que ahora podemos alegrarnos por nuestra nueva*

y maravillosa relación con Dios gracias a que nuestro Señor Jesucristo nos hizo amigos de Dios.[4]

¡Ya no somos enemigos, sino amigos! ¡Oh, qué gozo saber que Dios ha restaurado nuestra relación con Él! Ha quitado nuestros trapos de inmundicia y nos ha puesto ropa limpia de justicia. A través de la muerte de Cristo en la cruz, Dios ha anulado nuestro castigo del pecado. Nos absolvió y nos declaró inocentes. Recuerdo que cuando era niña vi las imágenes de los prisioneros estadounidenses de la guerra de Vietnam cuando fueron liberados de años de encarcelamiento: golpeados, hambrientos y harapientos. Sin embargo, cuando fueron rescatados les dieron alimentos, asistencia médica y ropa limpia. Habían sido liberados, hechos libres y ya no tenían la obligación de cumplir su sentencia. Era evidente el alivio y el gozo en cada uno de los rostros. El enemigo ya no tenía poder sobre ellos.

No confundamos la voz del acusador con la suave convicción del Espíritu de Dios. El Espíritu de Dios nos atrae nuevamente a Él con amor, porque la mejor manera de vivir es en sus caminos. Hay gran gozo de vivir en obediencia a Dios. Pero la voz del acusador es dura y degradante, y nos hace dudar de que seamos de Dios. ¿Cómo disciernes entre una sana convicción y la culpa acusadora? Podemos identificar una voz por ciertas cualidades. Siempre ten presente las siguientes características:

Espíritu de Dios	*Acusaciones de Satanás*
Te hace ver el amor de Dios	Te hace sentir que Dios no te ama
Te muestra la justicia	Te hace sentir culpable de haber fallado
Te recuerda el poder de Dios	Te hace sentir indigna
Te recuerda la presencia de Dios	Te hace sentir que Dios te abandonó
Te recuerda la redención	Te hace sentir que no tienes esperanza
Te muestra las verdades bíblicas	Te distrae con ideas de hombres

Los pensamientos de nuestra vida juegan un rol importante en lo que creemos de nosotras mismas y de los demás. Debemos estar siempre atentas y discernir las voces que escuchamos. Cuanto más conocemos la Palabra de Dios, más reconocemos su voz. No permitas que el acusador llene tu mente con mentiras y te robe el gozo de ser libre y perdonada en Cristo.

También quiero mencionar que debemos guardarnos de acusar a otros. Examina tus propias palabras y asegúrate de no hacer acusaciones, culpar o ridiculizar a otra persona. Queremos reflejar a Cristo en nuestras relaciones. Enfócate en Él, no en los pecados y problemas de otros. Es tarea del Espíritu Santo convencerlos tiernamente, para que se alejen del pecado. Permítele hacer su obra. Puede que haya momentos en que Dios nos lleve a confrontar a una hermana o hermano en la fe en Cristo, pero debemos hacerlo con cuidado y en oración, usando los principios de Mateo 18:15-19 como nuestra guía. Nuestra tarea es amar a otros como nuestro Padre celestial nos ama, con un amor lleno de gracia, paciencia y perdón.

Cimentados y estables

Una de mis oraciones favoritas de la Biblia habla de ser fortalecidos en el amor de Dios y llegar a comprender la realidad de lo mucho que Dios nos ama. Pablo lo escribió en su carta a los efesios, pero creo que todos necesitamos esta oración. En realidad, hago esta oración bastante a menudo por mi familia, por mis amistades y por mí misma. Es esta:

> *Le pido que, por medio del Espíritu y con el poder que procede de sus gloriosas riquezas, los fortalezca a ustedes en lo íntimo de su ser, para que por fe Cristo habite en sus corazones. Y pido que, arraigados y cimentados en amor, puedan comprender, junto con todos los santos, cuán ancho y largo, alto y profundo es el amor de Cristo; en fin, que conozcan ese amor que sobrepasa nuestro conocimiento, para que sean llenos de la plenitud de Dios. Al que puede hacer muchísimo más que todo lo que podamos imaginarnos o pedir, por el poder que obra eficazmente en nosotros, ¡a él sea la gloria en la iglesia y en Cristo Jesús por todas las generaciones, por los siglos de los siglos! Amén.*[5]

Quiero llegar a comprender cuán largo, ancho, alto y profundo es el amor de Dios, ¿y tú? Es imposible concebir el inmenso depósito de su abundante amor. Pablo quería que los cristianos conocieran y entendieran la maravillosa verdad del poderoso amor de Dios, porque sabía que cambiaría su manera de pensar y actuar. Él habló de ser "arraigados y cimentados en amor", y usa estos términos al hablar de la fe de los colosenses. Era una imagen arquitectónica, como una casa firmemente asentada sobre un fundamento.

Colosenses 1:23 (nvi)

Con tal de que se mantengan firmes en la fe, bien cimentados y estables, sin abandonar la esperanza que ofrece el evangelio. Éste es el evangelio que ustedes oyeron y que ha sido proclamado en toda la creación debajo del cielo, y del que yo, Pablo, he llegado a ser servidor.

Los colosenses podían entender la importancia de un buen fundamento, porque estaban ubicados en una región conocida por sus terremotos. Las palabras "sin abandonar" bien podrían traducirse "que ningún terremoto los haga abandonar". En 2010 contemplamos el horror y la tristeza del derrumbe de edificios en Haití, después del trágico terremoto que azotó ese país. En el mundo, han ocurrido otros terremotos de similar magnitud; sin embargo, la devastación y pérdida de vidas no fue tan grande. ¿Por qué fue tan prominente la pérdida en Haití? Una de las razones es que los edificios no estaban construidos para resistir un terremoto.

Pablo no quería que la fe de los colosenses se derrumbara y cayera bajo la erupción de filosofías engañosas. La única manera de que ellos construyeran una estructura firme era edificar su fe sobre la verdad del evangelio y el entendimiento del amor y la gracia de Dios. Nosotras también debemos edificar nuestra confianza sobre el firme fundamento de la verdad y el amor de Dios. Debemos conocer quién es Él y qué ha hecho por nosotros en la cruz. Debemos permanecer firmes sobre esta esperanza basada en la verdad de Dios para no ser influenciadas por ideas de hombres, que cambian con la cultura. Me encanta el antiguo himno de Edward Mote:

Mi fe está puesta en Jesús,
solo en su sangre y su virtud.
En nadie más me confiaré

y solo de Él dependeré.
Sobre la Roca firme estoy
y sólo en Cristo fuerte soy.[6]

¿Dónde está puesta tu fe? ¿Está cimentada y firme sobre el fundamento seguro de Cristo y lo que Él hizo por ti en la cruz? No dejes que el acusador te distraiga y te haga abandonar la verdad del amor de Dios. No dejes que las ideas y filosofías del hombre te influencien y te lleven por un camino o sistema de creencia diferente. ¡Permanece firme en la confianza de Cristo! El evangelio es inconmovible.

Además, el evangelio no es exclusivo. Los gnósticos se enorgullecían de tener un conocimiento espiritual secreto, reservado solo para una elite espiritual. Pablo dejó en claro que el evangelio se proclamó a todos. No importa si eres judío o gentil, circunciso o incircunciso, bárbaro, esclavo o libre, el mensaje del evangelio fue ofrecido a todos independientemente de la raza o el estatus social. Pablo dijo que se había hecho siervo del evangelio. Su deseo, como el de Cristo, era servir, no ser servido. Cuando pensamos en los líderes religiosos de la actualidad, aquellos que proclaman el evangelio, solo podemos esperar que se vean a sí mismos en un rol similar, como siervos del evangelio.

Jesús dijo que si queremos ser grandes en el reino de Dios, debemos aprender a ser siervos de todos. La grandeza no viene de tener personas que nos sirvan, viene de servir en amor a otros. La confianza se edifica no al buscar mis propios intereses, sino al sacar los ojos de mí mismo y tratar de ayudar a otros. Gozo, confianza y amor, todo crece a partir de una fe firmemente arraigada en el evangelio y del entendimiento del amor inconmovible de Dios. Cuando entendemos su amor por nosotras, no podemos hacer más que derramar ese amor en un amor lleno de gracia y servicio por los demás. ¡Cuán bendecida es la mujer que vive segura en el amor de Cristo y da a conocer ese amor al mundo!

¡Eres amada! Eres intachable. ¡Eres santa delante de Él! ¡Eres irreprochable! Adelante, sonríe. Toma un momento para agradecer a Dios por su gran amor por ti. Medita en cuán largo, ancho, alto y profundo es su amor por ti; sí, por ti. Adelante, sonríe otra vez y piensa en cuán entrañable es el amor de Dios por ti. Mantén esa sonrisa a lo largo de todo el día y sonríele a alguien que lo necesita.

Pasos para vivir segura

Lectura adicional: Romanos 8. Nuestro fundamento en Él.

La batalla por la verdad:

Destructor de tu seguridad: *Hice muchas cosas malas. Dios no puede amarme y perdonarme.*

Forjador de tu seguridad: Nuestra seguridad se fortalece cuando reconocemos en Cristo que somos santas delante de Dios, intachables e irreprochables.

Opciones:

- Procura verte como Dios te ve, intachable, irreprochable.
- Dale gracias continuamente al Señor por lo que ha hecho por ti.
- Remplaza las acusaciones del enemigo por la verdad de Dios.
- Escucha la suave y tierna voz de Dios que trae convicción.
- No seas una acusadora de los demás.
- Vive en el gozo de saber que has sido reconciliada con Dios.
- Enfócate en las necesidades de los demás.

Plan deliberado: Memoriza Colosenses 1:22 (nvi).

Pero ahora Dios, a fin de presentarlos santos, intachables e irreprochables delante de él, los ha reconciliado en el cuerpo mortal de Cristo mediante su muerte.

La mejor manera de mantenerse firme contra las acusaciones del enemigo es enfocarse en la verdad de Dios. Una de las verdades más grandes que podemos conocer es la verdad de quiénes somos en Cristo. Quiero animarte a escribir Colosenses 1:22 varias veces en diferentes tarjetas y colocarlas por toda tu casa, en tu cartera y sobre el tablero de tu auto. Repasa frase por frase y repite el versículo en voz alta todos los días. Pídele al Señor que te ayude a aprenderlo de memoria. Personalmente, me gusta memorizar versículos de las Escrituras mientras estoy haciendo ejercicio, ya que el ritmo y flujo del oxígeno parecen ayudarme a pensar. Una vez que lo has memorizado, repítelo cada mañana como recordatorio de tu posición en Cristo.

Parte tres

Un paso importante

Porque somos hechura suya, creados en Cristo Jesús para buenas obras, las cuales Dios preparó de antemano para que anduviésemos en ellas.

Efesios 2:10

No podemos consentir en arrastrarnos, cuando sentimos el impulso de volar.

Helen Keller

Capítulo cinco

Tesoros escondidos y sueños llenos de esperanza

De modo que si alguno está en Cristo, nueva criatura es; las cosas viejas pasaron; he aquí todas son hechas nuevas. Y todo esto proviene de Dios, quien nos reconcilió consigo mismo por Cristo, y nos dio el ministerio de la reconciliación.

2 Corintios 5:17-18

El fundamento de nuestra esperanza es Cristo en el mundo, pero la evidencia de nuestra esperanza es Cristo en el corazón.

Matthew Henry

Es fácil prometer esperanza, pero difícil cumplirla. Las personas prometen esperanza de muchísimas maneras. Los políticos prometen esperanza para el futuro. Los médicos hablan de esperanza de una cura. Los analistas financieros hablan de esperanza de un crecimiento económico. Las amistades y la familia hablan de esperanza como una forma de buenos deseos o aliento. Sin embargo, cuando tu vida se derrumba o las cosas no salen como lo habías planeado, la posibilidad de esperanza se vuelve de vital importancia, y no la tomas a la ligera. La esperanza es mucho más que un cálido sentimiento indefinido y una expectativa feliz. La verdadera esperanza nutre tu alma, cambia tu perspectiva y te da la fortaleza de perseverar a pesar de las circunstancias.

Nacida en 1716, hija de un ministro bautista de Hampshire, Inglaterra, Anne Steele padeció una salud débil la mayor parte de su vida. Sin embargo, en su cuarto de enferma compuso volúmenes de escritos bajo el seudónimo "Theodosia", que significa "don de Dios". Solo alguien que conoció el sufrimiento podría escribir con semejante gozo en su corazón basado en la bondad de Dios. Su esperanza no estaba en sus circunstancias, sino en su Dios. Puedes sentir su contentamiento en estos versos:

> Dame un corazón agradecido y en sosiego,
> libre de toda murmuración;
> las bendiciones de tu gracia a ti ruego;
> vivir para ti es mi pasión.
>
> En tu dulce esperanza mi corazón confía,
> que me asistas en la muerte y en la vida,
> que tu presencia brille en mí cada día,
> y al final de mis días tu corona reciba.[1]

A fin de cuentas, ¿de qué se trata la esperanza? Naturalmente, podemos esperar que nuestras circunstancias y situaciones terminen bien en nuestra vida, pero no tenemos garantías. Aunque nuestros problemas, nuestras heridas y nuestro dolor no cesan, no perdemos la esperanza, porque nuestra esperanza está en Dios, que nos ama y puede redimir cualquier situación para un propósito bueno. La esperanza en Dios nos levanta de la desesperación y nos da un profundo sentido de gozo al saber que Él puede sacar algo bueno incluso de algo horrendo.

El escritor Henri J. M. Nouwen habla de la esperanza de esta manera:

> Cuando vivimos con esperanza, no nos preocupamos por la manera en que se cumplirán nuestros deseos. Del mismo modo, no enfocamos nuestras oraciones en la dádiva, sino en Aquel que la concede. Aunque nuestras oraciones puedan contener la misma cantidad de deseos, a fin de cuentas, no es cuestión de que un deseo se haga realidad, sino de expresar una fe ilimitada en el dador de todas las cosas buenas.[2]

La fe y la esperanza de Pablo estaban en el Dador de todas las cosas buenas. Él estaba seguro de que su vida estaba en las manos de Dios y de que su esperanza estaba en Él. Pablo tenía un profundo sentido del gozo, aun cuando sufría por la causa de Cristo, porque su esperanza no estaba en las circunstancias, sino en el Dios que lo amaba. Él aprendió a regocijarse en aquellas situaciones de la vida que no son tan perfectas. Encadenado a un guardia de la prisión escribió:

COLOSENSES 1:24 (NVI)

Ahora me alegro en medio de mis sufrimientos por ustedes, y voy completando en mí mismo lo que falta de las aflicciones de Cristo, en favor de su cuerpo, que es la iglesia.

Pablo reconoció que podía rezongar y quejarse por sus sufrimientos; o podía gozarse en medio de ellos. Dios nunca desperdicia nuestro dolor. Su esperanza estaba en el Señor, y sabía que Dios podía hacer obras mayores, más allá de su sufrimiento. Pablo era consciente de que sus cadenas y su prisión animaban a otros cristianos a hablar la palabra de Dios con más valor y denuedo. También sabía que sus cadenas le daban la oportunidad de parar suficiente tiempo como para escribir algunas cartas profundas (que leemos hoy) y ministrar a sus visitantes uno a uno, incluso a los guardias del palacio que lo vigilaban constantemente.

Pablo se dio cuenta de que estaba experimentando el privilegio de participar de los sufrimientos de Cristo. Cuando usó las palabras "lo que falta de las aflicciones de Cristo", no se estaba refiriendo a la obra de la salvación que Cristo hizo en la cruz. La obra se completó desde el momento que Jesús dijo: "Consumado es". El sufrimiento sacrificial de Cristo está completo, pero su cuerpo, la iglesia, seguirá experimentando sufrimientos mientras siga aquí, en la tierra. Pablo encontró su consuelo en Cristo, y asimismo nosotros podemos encontrarlo. Él escribió: "Porque de la manera que abundan en nosotros las aflicciones de Cristo, así abunda también por el mismo Cristo nuestra consolación".[3]

Puede que estés en medio de una situación difícil en este momento de tu vida. Tal vez estés sufriendo un dolor emocional por la ruptura de una relación o un dolor físico por una incapacidad o enfermedad. Cobra ánimo con las palabras de un sufriente siervo en la fe, Pablo, y reconoce que, aunque no puedas ver ningún ápice de esperanza, Dios está contigo. Él no te ha dejado y sabe qué se siente cuando sufres. Él puede darte esperanza incluso en las circunstancias más difíciles; y más importante aún, puede fortalecerte y guiarte en el camino. Recuerda que tenemos una esperanza grandiosa que todavía nos espera en la gloria. En Romanos leemos:

Nos gloriamos en la esperanza de la gloria de Dios. Y no sólo esto, sino que también nos gloriamos en las tribulaciones, sabiendo que la tribulación produce paciencia; y la paciencia, prueba; y la prueba, esperanza; y la esperanza no avergüenza; porque el amor de Dios ha sido derramado en nuestros corazones por el Espíritu Santo que nos fue dado.[4]

El gran secreto

Hace poco me pasó algo gracioso, y solo puedo suponer que Dios debe haberlo orquestado para que lo pudiera escribir en este libro. Estaba tratando de estudiar el siguiente pasaje de Colosenses, pero no podía concentrarme. Posiblemente era porque teníamos un grupo de trabajadores en casa, que estaban arreglando el cielo raso que había cedido por una filtración de agua de nuestro techo durante una tormenta. ¡Oh, sí, muy divertido! ¡Nunca nos aburrimos en la casa de la familia Ladd! Después de varias interrupciones a cada momento, decidí empacar mis libros e irme a un restaurante de la localidad para terminar mi obra. Dios usa nuestras frustraciones para un propósito superior, como pronto verás.

Me instalé en una mesa junto a una planta grande y reanudé mi estudio intensivo. Comencé a leer comentarios sobre los gnósticos de los días de Pablo y su creencia sobre todas estas ideas ridículas, como el conocimiento secreto y los niveles espirituales selectos. Me costaba creer que alguno pudiera apoyar su sistema de creencias filosóficas. Me preguntaba: *¿Habrá personas que crean esta clase de cosas hoy?* Bueno, Dios decidió responderme esa pregunta en ese preciso instante y lugar. ¿Recuerdas la planta junto a la cual me senté en el restaurante? Había una mesa al otro lado de la planta, y dos hombres se sentaron a comer y conversar. No los podía ver, pero indefectiblemente los podía escuchar.

Uno de los hombres comenzó a hablarle al otro sobre una sociedad secreta de la cual era miembro. No estoy segura de por qué hablaba tan fuerte si era una sociedad *secreta*, pero hablaba tan fuerte que podía escuchar cada una de sus palabras. Decía que hay cientos de estas sociedades secretas y que existen desde hace muchísimas generaciones. Tienen diferentes niveles de conocimiento, y aquellas que han alcanzado altos niveles de madurez transmiten la sabiduría a aquellas de niveles inferiores. Después pasó a informar a su amigo sobre ciertos datos curiosos. Según este hombre, tenemos diferentes burbujas de pensamientos que revolotean sobre nosotros, una negativa y otra positiva. Cuanto más alimentas la positiva, más obtienes lo que quieres. La energía del universo se alinea en conjunto para dártela. Pero si tienes pensamientos negativos, debilitas la energía.

¡Me quedé con la boca abierta! No lo podía creer. Estaba estudiando el libro de Colosenses, en el que Pablo refuta específicamente las creencias de los gnósticos sobre las sociedades secretas y el conocimiento secreto, y yo estaba sentada justo al lado de un hombre que vendría a ser un gnóstico de nuestros días. Algunos de los términos eran muy similares a los que Pablo usó en Colosenses. Me gustaría poder decir que fui hasta el otro lado de la planta y les prediqué la verdad de Cristo, y que ambos se arrodillaron y creyeron; pero creo que perdí mi oportunidad. Mientras estaba ocupada escribiendo cuanto más podía sobre aquel discurso, ellos terminaron de hablar y se marcharon. Pero solo para que sepas, el que estaba escuchando no creyó nada de aquello de la sociedad secreta; básicamente le dijo a su amigo gnóstico: "Bueno, si a ti te da resultado, está bien". Puedo imaginarme que no esperaba la hora para poder salir de allí.

Por eso, echemos ahora una mirada al pasaje de Pablo. Leámoslo atentamente y veamos algunos términos que aún aparecen en los círculos filosóficos de hoy.

Colosenses 1:25-29 (NVI)

De ésta llegué a ser servidor según el plan que Dios me encomendó para ustedes: el dar cumplimiento a la palabra de Dios, anunciando el misterio que se ha mantenido oculto por siglos y generaciones, pero que ahora se ha manifestado a sus santos. A éstos, Dios se propuso dar a conocer cuál es la gloriosa riqueza de este misterio entre las naciones, que es Cristo en ustedes, la esperanza de gloria. A este Cristo proclamamos, aconsejando y enseñando con toda sabiduría a todos los seres humanos, para presentarlos a todos perfectos en él. Con este fin trabajo y lucho fortalecido por el poder de Cristo que obra en mí.

Las palabras "misterio", "oculto" y "perfectos" son términos jugosos para los gnósticos, de modo que Pablo usó el lenguaje de ellos para ayudar a los colosenses a entender el misterio de Cristo.

Misterio podría parecernos una palabra que describe una novela de suspenso, pero en los días de Pablo los falsos maestros la usaban para describir los secretos internos de sus religiones. Se refería a un secreto sagrado o santo, que se mantenía *oculto*, pero era revelado solo a un grupo especial. En este pasaje, Pablo está describiendo el secreto sagrado de Dios, que era la gracia salvadora de Cristo a todo el que cree. Cristo había sido profetizado en el Antiguo Testamento, y ahora era revelado. Pablo hizo un énfasis especial en que este ministerio no era solo para los judíos, sino también para los gentiles. Los misterios gnósticos eran confinados a un pequeño grupo selecto, pero Cristo era proclamado a todos.

Perfecto era un término que los gnósticos usaban para describir al discípulo que había madurado y estaba totalmente instruido en los misterios y secretos de la religión. Ya no era un neófito, sino un entendido. Pablo usó la misma palabra para significar *completo en Cristo.* Somos santos, intachables, perdonados. Esto es lo que trataba de hacer: presentar a todos perfectos en Cristo. Pablo dijo que hacía todo esto por el poder de Dios que obraba poderosamente en él. Ten presente que este mismo poder actúa en nosotras también. No ignores la verdad importante de que estamos completas en Cristo y que Él nos ha dado todo lo que necesitamos para vivir una vida piadosa. No solo el apóstol Pablo servía con la fortaleza de Dios; no solo los megamisioneros o superpredicadores sirven con la fortaleza de Dios. El Señor ha dotado a cada una de nosotras con la capacidad y el poder de llevar a cabo la obra que nos ha encomendado.

Para mí, la oración más gloriosa y maravillosa de todo el libro de los Colosenses es: "A éstos [los santos] Dios se propuso dar a conocer cuál es la gloriosa riqueza de este misterio entre las naciones, que es Cristo en ustedes, la esperanza de gloria". ¿No es maravilloso que Dios eligiera dar a conocer a Cristo a los gentiles? Sí, si Dios hubiera reservado a Cristo solo para la nación judía, entonces ¿dónde estaríamos nosotros?

¡Oh, te alabo, Padre, por invitarnos a ser parte de tu familia!

Observa que Pablo dice "gloriosa riqueza". *Glorioso* en términos del griego helenístico significaba "luz brillante" y se refería a una manifestación y revelación divina de Dios. *Riqueza*, desde luego, implica prosperidad. Dios nos ha permitido ser prósperas espiritualmente al darnos a conocer a Cristo. ¡Cristo en nosotras! ¿Acaso no somos ricas? ¿Acaso no somos completamente prósperas al tener el espíritu de Cristo en nosotras? Nuestro amado Padre celestial nos ha dado a Cristo sin reservas.

Podemos tener la esperanza de gloria, porque Cristo habita en nosotros. Y desde luego, esperamos con ansias ese día cuando estemos con Él en la gloria. Podemos seguir adelante al saber que este no es nuestro hogar. Sabemos que nos espera la gloria. Podemos estar seguras en esa esperanza. En Efesios se nos recuerda que hemos sido selladas hasta el día de la redención, porque el Espíritu de Dios vive en nosotras. Léelo a continuación:

> *En él asimismo participamos de la herencia, pues fuimos predestinados conforme a los planes del que todo lo hace según el designio de su voluntad, a fin de que nosotros, los primeros en esperar en Cristo, alabemos su gloria. También ustedes, luego de haber oído la palabra de verdad, que es el evangelio que los lleva a la salvación, y luego de haber creído en él, fueron sellados con el Espíritu Santo de la promesa, que es la garantía de nuestra herencia hasta la redención de la posesión adquirida, para alabanza de su gloria.*[5]

Dinero de mentira frente al verdadero tesoro

Cuando mis hijas eran chiquitas, solíamos jugar a "ir al cine". Armábamos la sala de nuestra casa para que se pareciera a una sala de cine completa, con puesto de venta y recolector de entradas. Alquilaba una película, preparaba palomitas de maíz, sacaba algunos dulces que me habían quedado de las fiestas y simulábamos estar realmente en el cine. Las niñas usaban el dinero de mentira para comprar sus entradas, palomitas de maíz, bebidas y dulces. Era una buena manera de enseñarles sobre el dinero, así como de tener un tiempo especial para mirar una película juntas. No recuerdo con exactitud cuándo se dieron cuenta de que el dinero de mentira no las llevaría a ningún lado en el mundo real, pero un día ya fueron grandes para usarlo (pasó demasiado rápido, en mi opinión).

Aunque a veces el dinero de mentira parece muy real, no tiene nada de valor. A Pablo le preocupaba que los colosenses fueran engañados con tesoros falsos. No quería que fueran engañados con dinero de mentira en la forma de argumentos capciosos, cuando en Cristo podían encontrar la verdadera riqueza espiritual. Los tesoros secretos de la sabiduría y el conocimiento eran atrayentes; sin embargo, carecían de sustancia. El deseo de Pablo era que ellos tuvieran toda la riqueza que proviene de la convicción y del entendimiento, para que así conocieran a Cristo, en quien están escondidos todos los tesoros de la sabiduría y del conocimiento. Es así como Pablo expresó su lucha:

Colosenses 2:1-5 (nvi)

Quiero que sepan qué gran lucha sostengo por el bien de ustedes y de los que están en Laodicea, y de tantos que no me conocen personalmente. Quiero que lo sepan para que cobren ánimo, permanezcan unidos por amor, y tengan toda la riqueza que proviene de la convicción y del entendimiento. Así conocerán el misterio de Dios, es decir, a Cristo, en quien están escondidos todos los tesoros de la sabiduría y del conocimiento. Les digo esto para que nadie los engañe con argumentos capciosos. Aunque estoy físicamente ausente, los acompaño en espíritu, y me alegro al ver su buen orden y la firmeza de su fe en Cristo.

Si te han dado un tesoro verdadero, ¿por qué habrías de jugar con dinero de mentira? No tiene sentido; a menos que no reconozcas la gloriosa riqueza del tesoro que tienes. ¿Reconoces el verdadero tesoro que tienes en Cristo? Todos los secretos sagrados de la sabiduría divina se encuentran en Él. No necesitas seguir buscando. Él responde todas las preguntas: ¿Cómo hereda una persona la vida eterna? A través de la fe en Él. ¿Cómo puede una persona experimentar un gozo profundo y duradero? Al conocer su amor. ¿Cómo experimenta una mujer seguridad constante? Al reconocer que Cristo la creó, la redimió y tiene un propósito bueno para su vida. ¿Cómo puedo encontrar fortaleza en las dificultades? Podemos encontrarla en Cristo, que nos fortalece. ¿Cómo podemos aprender a amar a otros? Cristo nos mostró cómo es el amor y Él derrama su amor a través de nosotros. ¿Cómo podemos perdonar? Por el poder de Cristo, porque Él perdona todos nuestros pecados.

¿Ves cuán rica eres? Eres abundantemente próspera con riquezas gloriosas. Él es nuestro tesoro. En Cristo encontramos nuestra salvación, nuestro propósito, nuestra ancla, nuestra dirección, nuestro consuelo. Me encanta lo que Pablo dijo en su carta a los efesios: "en quien [Cristo] tenemos redención por su sangre, el perdón de pecados según las riquezas de la gracia, que hizo sobreabundar en toda sabiduría e inteligencia". ¿Leíste eso? Dios nos dio en abundancia las riquezas de la gracia con toda sabiduría e inteligencia. Dios no se contuvo, sino que nos dio generosamente su gracia y sabiduría.

Cuando pienso en las riquezas de la sabiduría de Dios, recuerdo la doxología que se encuentra en Romanos:

> *¡Oh profundidad de las riquezas de la sabiduría y de la ciencia de Dios! ¡Cuán insondables son sus juicios, e inescrutables sus caminos! Porque ¿quién entendió la mente del Señor? ¿O quién fue su consejero? ¿O quién le dio a él primero, para que le fuese recompensado? Porque de él, y por él, y para él, son todas las cosas. A él sea la gloria por los siglos. Amén.*[6]

Cristo es nuestro todo en todo. Nuestra roca, nuestra fortaleza, nuestra esperanza, nuestro consuelo. Es la sabiduría y el conocimiento. ¿Necesitas dirección en tu vida? ¿Necesitas guía? Busca su rostro. Él nos invita a ir a Él. Oh, hermana mía, tenemos un cofre con el tesoro de sus riquezas gloriosas. ¿Por qué buscamos en otros lugares, cuando todas nuestras respuestas se encuentran en Él?

Pasos para vivir segura

LECTURA ADICIONAL: Efesios 1. Riquezas espirituales en Cristo.

LA BATALLA POR LA VERDAD:

Destructor de la seguridad: *No tengo fuente de dirección o esperanza.*

Forjador de la seguridad: Podemos disfrutar la seguridad de saber que somos ricas espiritualmente y completamente satisfechas en Cristo.

OPCIONES:

- Encuentra tu esperanza en Cristo y no en las circunstancias.
- Regocíjate en el Señor siempre.

- Reconoce el poder de Dios que obra en ti.
- No te dejes engañar por argumentos capciosos.
- Recuerda que eres espiritualmente rica en Él.
- Descubre los tesoros de la sabiduría y el conocimiento en Cristo.

Plan deliberado: Buscar los tesoros de su sabiduría.

En el libro de Santiago, leemos: "Si a alguno de ustedes le falta sabiduría, pídasela a Dios, y él se la dará, pues Dios da a todos generosamente sin menospreciar a nadie". Piensa en tus dificultades presentes y en la necesidad de sabiduría y dirección de Dios. Entrega tus preocupaciones al Señor, quien les da a todos generosamente. Busca su dirección y sabiduría, y presta atención a sus respuestas por medio de su Palabra, el consejo sabio o su pequeña y suave voz. Escribe tus pensamientos a continuación:

Necesito sabiduría con respecto a: ____________________

____

____

La instrucción que Dios me está dando es:_______________

____

____

Capítulo seis

Camina segura con Cristo

Cristo nos libertó para que vivamos en libertad. Por lo tanto, manténganse firmes y no se sometan nuevamente al yugo de esclavitud.

Gálatas 5:1 (NVI)

Dios no espera mostrarnos fuertes para su beneficio, sino mostrarse fuerte para el nuestro. Eso marca una gran diferencia. Él no quiere demostrar lo que nosotros podemos hacer, sino lo que Él puede hacer.

Vance Havner

Cuando la familia Roberson se mudó a una casa cercana a la nuestra, nos entusiasmamos. Siempre es divertido que los amigos vivan cerca y especialmente si te regalan sus árboles. Déjame explicarte. A ellos no les gustaba el paisaje de su casa y querían deshacerse de algunos árboles de acebo. Como somos amigos buenos y considerados, nos ofrecimos voluntariamente a llevarnos los árboles y plantarlos en nuestro propio jardín. ¡Qué negocio: árboles gratis! Encontramos el lugar ideal para plantarlos. El fondo de nuestra casa da a un arroyo pequeño y placentero, así que los plantamos cerca de allí para realzar la belleza de aquel espacio. ¡Cinco preciosos árboles de acebo que bordeaban nuestro arroyo! Estábamos orgullosos de nosotros mismos.

El agua de nuestro arroyo tiende a subir cuando hay tormenta de lluvia, ¡y sí que tuvimos una fuerte tormenta una noche después de plantar esos acebos! La mañana siguiente, nos despertamos y miramos por la ventana. Nos preguntamos: *¿Qué serán esos enormes agujeros en el suelo? Espera un minuto: ¿Dónde estaban nuestros acebos?* ¡Tres de ellos habían desaparecido por completo! ¡Sí, habían sido arrastrados! Tuvimos otra tormenta al poco tiempo, y ¿adivina qué? Los otros dos también fueron arrastrados por la corriente. ¡Qué se va hacer! ¡Lo que fácil llega, fácil se va!

Ahora bien, si los acebos hubieran tenido tiempo de echar raíz, podrían haber permanecido; pero como los habíamos plantado hacía poco, no tenían nada que los sostuviera en el suelo cuando subió el agua y fluyó la corriente. Si alguna vez viste cómo suben las crecidas del agua, conocerás la fuerza y el poder que tiene la corriente. Arrastra todo aquello que no esté profundamente arraigado o firmemente cimentado en el suelo. La corriente puede dejar grandes objetos a kilómetros de distancia. Lo mismo sucede con la afluencia de ideas y filosofías religiosas y la corriente de nuestra sociedad. Si no estamos profundamente arraigadas en la verdad de Cristo, podemos ser arrastradas fácilmente por ideas y conceptos que parecen buenos y válidos.

Las palabras de Pablo a los colosenses son muy importantes y oportunas para nosotras hoy. Hay una corriente constante de ideas que "parecen ser correctas y buenas". Pero debemos conocer *la* verdad, la verdad *de Dios*. Jesús dijo: "Si se mantienen fieles a mis enseñanzas, serán realmente mis discípulos; y conocerán la verdad, y la verdad los hará libres".[1] Si nos mantenemos fieles a sus enseñanzas y estamos arraigadas y cimentadas en Él, entonces seremos libres de la influencia de reglas hechas por hombres y filosofías que parecen buenas. Estas son las palabras de aliento de Pablo a los colosenses:

COLOSENSES 2:6-8 (RVC)

Por tanto, vivan en el Señor Jesucristo de la manera que lo recibieron: arraigados y sobreedificados en él, confirmados en la fe y rebosantes de acciones de gracias, que es como fueron enseñados. Cuídense de que nadie los engañe mediante filosofías y huecas sutilezas, que siguen tradiciones humanas y principios de este mundo, pero que no van de acuerdo con Cristo.

Caminata enérgica

Caminar hoy es lo que antes era correr; al menos lo es para Curt y para mí. En otro tiempo, corríamos carreras de larga distancia, pero ahora nuestras rodillas no nos dejan, por eso caminamos. Algunos expertos en aptitud física dicen que caminar es mejor, porque no nos sacude el cuerpo, y podemos hacerlo por períodos de tiempo más largos. Curt y yo coincidimos en que a nosotros nos conviene más, porque es más fácil levantarnos temprano a la mañana, calzarnos los zapatos y ponernos a caminar. Realmente lo esperamos con ganas. ¿Correr? No tanto. Pablo se refirió a caminar cuando animó a los colosenses a crecer en su relación con Cristo. Él dijo que puesto que hemos recibido a Cristo (creído en Él con fe), deberíamos *vivir* en Él. La palabra "vivan" en el original griego es *peripateo*, que significa "desplazarse por todas partes, caminar libremente". En sentido figurado, significa vivir en o ir a la par, como un acompañante.

Cuando creemos en Cristo, lo recibimos en nuestra vida. Su Espíritu viene a morar en nuestro interior. Debemos caminar a la par de Él. Déjame darte un ejemplo. Digamos que tú decides que vas a comenzar a caminar cada mañana, así que ordenas por la Internet un par de zapatos para caminar. Cuando los recibes, te los calzas. Luego, ¿qué haces? Te quedas tan solo allí en la puerta y dices: "Soy una caminante. He recibido los zapatos para caminar". ¡Sería ridículo! No, tú sales y comienzas a caminar con tus zapatos. Sin embargo, ¿cuántos cristianos dicen: "Soy cristiano; he recibido a Cristo", pero en lo que respecta a caminar en Él y vivir en Él día a día, bueno… es como si lo ignoraran?

En un sentido práctico, ¿qué significa caminar con Cristo? Si seguimos leyendo este versículo, podemos obtener una idea de cómo es caminar con Él. Pablo dijo que deberíamos estar arraigados y edificados en Él. No sé tú, pero yo veo dos direcciones aquí. Las raíces van hacia abajo en el suelo, y los edificios van hacia arriba en el cielo. Vamos a hablar de la raíz primero. Es la parte de la planta que no se ve; sin embargo, es de donde la planta o el árbol obtiene su fuerza y alimento. Igual que mis árboles de acebo perdidos hace tiempo, si nuestras raíces no se extienden profundamente hacia abajo, podemos ser arrastradas con mucha facilidad. Entonces, desarrollamos fortaleza y profundidad con el estudio de la Palabra de Dios y la oración. Estas son esas actividades que no se ven, en la quietud de un lugar a solas, entre tú y Dios. Estoy convencida de que la razón por la que muchos cristianos no están arraigados más profundamente en Cristo es porque evitan la soledad de estar en un lugar en quietud, donde nadie más los ve, sino Dios. Es donde crece la verdadera profundidad en Cristo y el conocimiento de Él.

"Sobreedificados en él" es una expresión arquitectónica. Debemos edificar nuestra vida sobre Cristo. *Edificar* es un término positivo, ¿no es cierto? Muchas veces, las personas piensan en el cristianismo de modo negativo: "No puedes hacer esto; no puedes hacer aquello". ¡Pablo dijo que debemos *edificarnos*, no *culparnos*! Edificar nuestra vida y fortalecernos en Él, obviamente, son expresiones positivas. Podemos ser edificadas por el mundo de muchas maneras diferentes, desde premios distinguidos hasta palabras de adulación; sin embargo, Pablo dice que debemos edificar nuestra vida *en Cristo*. Por lo tanto, primero debemos preguntarnos: "¿Es Cristo mi fundamento?". Cada edificio debe comenzar a edificarse sobre un fundamento seguro. Debemos pensar si estamos edificando nuestra vida sobre Cristo y el fundamento de su Palabra.

¿Hay alguna evidencia de nuestro edificio? Si estamos siendo edificadas en Él y fortalecidas por su Espíritu, habrá alguna evidencia en nuestra vida. ¿Pueden los demás ver a Jesús en nuestras acciones y palabras? Recuerda cómo es el fruto del Espíritu de Dios que mora en nosotros: amor, gozo, paz, paciencia, fe, benignidad, bondad, mansedumbre y templanza. El Espíritu de Cristo en nuestra vida produce estos frutos maravillosos cuando vivimos en Él. Jesús dijo: "Yo soy la vid y ustedes son las ramas. El que permanece en mí, como yo en él, dará mucho fruto; separados de mí no pueden ustedes hacer nada".[2] Podemos optar por edificar nuestra vida en Él y encontrar nuestra seguridad y fortaleza en Él, o podemos optar por vivir la vida tratando de agradar a los demás. Uno es un fundamento seguro; el otro es inestable.

A medida que nuestra caminata enérgica continúa y analizamos lo que significa caminar en Cristo, leemos estas palabras en la versión Nueva Traducción Viviente: *Entonces la fe de ustedes se fortalecerá en la verdad que se les enseñó.* ¿Cómo se está fortaleciendo tu fe? ¿Estás aprendiendo de maestros buenos, sensatos y bíblicos? Para que un niño se fortalezca, debe alimentarse, y para que nuestra fe se fortalezca, también debemos alimentarnos. ¿Qué clase de alimento estás escuchando para hacer que tu fe crezca? Quiero animarte a aprender y crecer continuamente en el conocimiento de la Palabra de Dios a través del estudio personal, así como de un buen estudio bíblico. Cuanto más sabemos de la Biblia, más fuerte se vuelve nuestra fe.

Finalmente, nuestra caminata enérgica termina con estas palabras: *rebosantes de acciones de gracias*. Justo esta mañana, Curt y yo fuimos a caminar con los 38 ºC de calor de Dallas. ¡No estaba rebosando de gratitud, sino de sudor! Bueno, en realidad, prefiero decir "brillo". Curt suda; yo brillo. Independientemente de cómo lo digamos, es el rebosamiento natural de caminar en el calor. Ahora bien, en una nota más positiva y agradable, cuando estamos arraigadas en Cristo, cada parte de nuestra vida debería rebosar de gratitud. Cuando nos va bien en la vida, necesitamos rebosar de gratitud, lo cual me atrevo a decir que raras veces hacemos. Pero esta es la mala noticia: cuando las cosas son preocupantes o difíciles, necesitamos rebosar de gratitud. Sí, debemos dar gracias en toda situación.

Pero, tal vez te estés preguntando cómo se hace para dar gracias cuando la vida se está derrumbando. Aquí tienes algunas maneras de comenzar:

> *Gracias, Padre, porque estás conmigo y nunca me has dejado.*
> *Gracias, Señor, porque esta situación no te toma por sorpresa, y tú estás en control.*
> *Gracias, Padre, porque eres mi creador y mi consolador, y sabes lo que necesito.*
> *Gracias, porque eres un Dios redentor y puedes darme esperanza en esta situación.*
> *Gracias, Padre, porque tú puedes convertir esta dificultad en algo bueno para mi vida.*
> *Gracias, Padre, porque tú puedes usar esto para tocar la vida de otras personas también.*
> *Gracias, Señor, porque me invitas a echar mis cargas sobre ti, porque tú tienes cuidado de mí.*
> *Gracias, Señor, porque todo lo sabes y todo lo conoces.*
> *Gracias, Señor, porque siempre me enseñas a través de mis dificultades y errores.*

Podría seguir, pero creo que ya captaste la idea. La caminata enérgica que Pablo nos presentó es una caminata de seguridad, a partir de vivir en Él. Observa la repetición "en Él". Caminamos con seguridad cuando caminamos en Él, cuando estamos arraigadas en Él y edificadas en Él, cuando fortalecemos nuestra fe en Él y ¡rebosamos de agradecimiento en Él! En Cristo vivimos, y nos movemos y somos. No te limites a calzarte los zapatos para correr; ¡sal fuera y comienza a caminar, muchacha! Y no dejes que un poco de sudor te moleste. Quiero decir, *brillo*.

Satisfacción espiritual

Una de las creencias que prevalecen hoy en nuestra cultura es que la mayoría de las religiones son esencialmente iguales y que hay muchos caminos que nos llevan a Dios. Una vez más, debemos evaluar y aferrarnos a la verdad para no ser arrastradas por lo que parece bueno. Ron Rhodes, presidente del ministerio *Reasoning from the Scriptures* [Razonar desde las Escrituras] y profesor del Seminario Teológico de Dallas, dice lo siguiente:

> La verdad es que todas las religiones son esencialmente diferentes y solo someramente iguales. Algunos dicen que todas las religiones son similares, porque todas enseñan ética. La verdad es que las otras religiones del mundo buscan, fundamentalmente, ayudar a personas malas a ser mejores al optar por mejores éticas personales. El cristianismo, por otro lado, invita a personas espiritualmente muertas a ser espiritualmente vivas.[3]

Ron agrega:

> Las diversas religiones enseñan también diferentes perspectivas de Dios. Jesús enseñó sobre un Dios trino (Mt. 28:19). Mahoma (el fundador del islam) enseñó que Dios no es una Trinidad. El hinduismo hace referencia a muchos dioses, que son extensiones de un brahmán impersonal. El budismo enseña que el concepto de Dios es esencialmente irrelevante. Obviamente, estas religiones no están orientadas al mismo Dios. Si una es la correcta, las otras son incorrectas.[4]

Como cristianas, creemos que lo que Jesús dijo es verdad. Él declaró: "Yo soy el camino, y la verdad, y la vida; nadie viene al Padre, sino por mí".[5] Por si los colosenses seguían dudando de quién era Jesús, Pablo procedió a dar una lección más de repaso, para asegurarse, más allá de toda duda, de que entendieran. (Todas podemos usar una pequeña lección de repaso de vez en cuando, ¿no es cierto?).

COLOSENSES 2:9-10 (NVI)

Toda la plenitud de la divinidad habita en forma corporal en Cristo; y en él, que es la cabeza de todo poder y autoridad, ustedes han recibido esa plenitud.

Aquí se afirma categóricamente la divinidad de Cristo. Cristo es Dios. Te recuerdo que la palabra "plenitud" es *pleroma*, que significa la suma total de quién es Dios y de todo su ser y sus atributos. Jesús y el Padre son Uno. Jesús no es un dios; Él es Dios. Es la cabeza de todo poder y autoridad. Leímos esta verdad anteriormente en Colosenses, pero ahora Pablo lo explica en términos personales. *Nosotras* hemos recibido esa plenitud en Cristo. Ahora bien, la palabra exacta del griego en esta declaración no es *pleroma*, sino más bien *pleroo*, que tiene la misma raíz, pero con una aplicación práctica un poco diferente. Significa "completar, satisfacer o ser lleno".

Cristo nos *completa*. Él es suficiente. Es la satisfacción de nuestra alma. En cada ser humano hay hambre, una profunda necesidad de satisfacción y plenitud. Tratamos de encontrar satisfacción en toda clase de lugares. Éxito, popularidad, matrimonio, divorcio, servicio de beneficiencia, trabajo en la iglesia, pasatiempos, amistades, hijos, logros, dietas, alimentos y sustancias de todo tipo, parecen llamarnos y decirnos: "Puedo darte satisfacción. Conmigo te sentirás realizada". Sin embargo, siempre nos dejan con el anhelo de más, o de algo diferente o mejor. El matemático, físico, inventor y filósofo del siglo XVII, Blaise Pascal, describió estos anhelos y deseos con mucha más elocuencia que yo. Esto es lo que escribió:

> ¿Qué otra cosa proclama este deseo ardiente y esta impotencia, sino que una vez hubo en el hombre una verdadera felicidad, de la cual ahora solo le queda la marca y la huella vacía? El hombre trata en vano de llenarlas con todo lo que le rodea, y busca en las cosas ausentes la ayuda que no obtiene de las cosas presentes, aunque nada puede ayudar, puesto que este abismo infinito puede llenarse solo con un objeto infinito e inmutable; es decir, por Dios mismo.[6]

Lee sus palabras varias veces y piensa en su verdad. Nuestros anhelos infinitos solo pueden llenarse con una cosa: el Dios infinito. Cristo en ti, la esperanza de gloria. En términos espirituales, no necesitamos otra cosa. No necesitamos nada adicional para la salvación. Y tampoco necesitamos nada adicional para la satisfacción espiritual. Los sentimientos nos pueden traicionar, al hacernos pensar que necesitamos más. Recuerda las palabras de David: "El Señor es mi pastor; tengo todo lo que necesito".[7] El poder y la presencia de Dios habita dentro de ti. Él ha establecido su residencia allí, y nuestra alma está satisfecha.

Accesorios

El año pasado, estuve casi dos semanas entusiasmada por una bicicleta. Fue más o menos para la fecha de mi cumpleaños, así que le dije a mi esposo que todo lo que quería de regalo era una bicicleta. Tan solo una simple bicicleta que pudiera montar en los caminos del norte de Dallas era todo lo que pedía. Bueno, Curt siempre ha sido maravilloso para hacer regalos, así que cuando fue a comprarme la bicicleta para mi cumpleaños, no fue a un hipermercado o a una venta de garaje como le dije. No, fue a "La gran ciudad de las bicicletas" y encontró una buena oferta; pero no terminó allí. Los expertos en bicicletas le explicaron que si yo iba a practicar ciclismo (lo cual tuve todas las intenciones de hacer; al menos, durante un par de semanas, lo aseguro), iba a necesitar un atuendo de ciclismo. Y no te olvides del asiento acolchado, y el casco, y el inflador, y el candado y tres años de garantía.

¡Todo lo que yo quería era una bicicleta, pero recibí mucho más! Estoy segura de que un día tomaré en serio el ciclismo; pero no voy a ponerme esos pantalones tan ajustados, ¡de ninguna manera! Ahora, si piensas que entrar a "La gran ciudad de las bicicletas" (que, a propósito, no es su nombre verdadero) agregará un sinfín de extras a la simple compra de una bicicleta, deberías visitar Colosas en la época de Pablo. No por bicicletas (no se habían inventado en ese entonces), sino por los accesorios, accesorios religiosos. Cuando alguien creía en Cristo, le decían que necesitaba comprar objetos religiosos adicionales para completar el paquete. Aunque Pablo ya les había dicho que estaban completos en Cristo, ahora estaba siendo bien específico.

Primero se dirige al paquete de accesorios de lujo de los judaizantes, con circuncisión y leyes y ceremonias judías incluidas. Aunque puede que leas esto rápidamente y pienses: *¿Qué tiene que ver la circuncisión conmigo?*, la verdad es que este pasaje contiene una poderosa proclamación de nuestra salvación. Una vez estábamos muertos, pero ahora estamos vivos con Cristo. No pases por alto lo bello del mensaje de que no podríamos salvarnos a nosotras mismas; sino que Cristo pagó nuestro rescate en la cruz y, por el poder de Dios, se levantó de la muerte. Pablo recuerda a los cristianos primitivos que el antiguo pacto ya no existe y que la circuncisión es obsoleta.

COLOSENSES 2:11-15 (NVI)

Además, en él fueron circuncidados, no por mano humana sino con la circuncisión que consiste en despojarse del cuerpo pecaminoso. Esta circuncisión la efectuó Cristo. Ustedes la recibieron al ser sepultados con él en el bautismo. En él también fueron resucitados mediante la fe en el poder de Dios, quien lo resucitó de entre los muertos. Antes de recibir esa circuncisión, ustedes estaban muertos en sus pecados. Sin embargo, Dios nos dio vida en unión con Cristo, al perdonarnos todos los pecados y anular la deuda que teníamos pendiente por los requisitos de la ley. Él anuló esa deuda que nos era adversa, clavándola en la cruz. Desarmó a los poderes y a las potestades, y por medio de Cristo los humilló en público al exhibirlos en su desfile triunfal.

Los gnósticos tenían su propio conjunto de accesorios espirituales en forma de preceptos, reglas y abnegación. Algunos de ellos agregaban la adoración de ángeles a la oferta del paquete de experiencia religiosa de superlujo. Y, desde luego, los judaizantes querían agregar a la mezcla festivales religiosos y días de reposo. Es fácil quedar atrapado en medio de reglas de hombres y comenzar a pensar que nos hacen más espirituales. Pablo lo explicó de manera clara y directa:

COLOSENSES 2:16-23 (NVI)

Así que nadie los juzgue a ustedes por lo que comen o beben, o con respecto a días de fiesta religiosa, de luna nueva o de reposo. Todo esto es una sombra de las cosas que están por venir; la realidad se halla en Cristo. No dejen que les prive de esta realidad ninguno de esos que se ufanan en fingir humildad y adoración de ángeles. Los tales hacen alarde de lo que no han visto; y, envanecidos por su razonamiento humano, no se mantienen firmemente unidos a la Cabeza. Por la acción de ésta, todo el cuerpo, sostenido y ajustado mediante las articulaciones y ligamentos, va creciendo como Dios quiere. Si con Cristo ustedes ya han muerto a los principios de este mundo, ¿por qué, como si todavía pertenecieran al mundo, se someten a preceptos tales como: "No tomes en tus manos, no pruebes, no toques"? Estos preceptos, basados en reglas y enseñanzas humanas, se refieren a cosas que van a desaparecer con el uso. Tienen sin duda apariencia de sabiduría, con su afectada piedad, falsa humildad y severo trato del cuerpo, pero de nada sirven frente a los apetitos de la naturaleza pecaminosa.

En los círculos religiosos de hoy, aún hay voces que tratan de vendernos accesorios religiosos. Algunos nos dicen lo que deberíamos hacer, y otros dicen lo que no deberíamos hacer. Estas voces exigentes tratan de hacernos sentir menos espirituales si no nos sometemos o no tenemos el mismo tipo de experiencias religiosas. A menudo las denominaciones y los grupos religiosos tienen buenas intenciones con las reglas y los preceptos adicionales, pero tienden a tratar con las conductas externas, no con el corazón. Debemos tener cuidado con el legalismo y no pasar por alto la parte más importante de lo que significa vivir en Cristo. El teólogo Charles Ryrie escribió: "¿Qué es el legalismo? Es una actitud equivocada hacia el código de leyes bajo el cual una persona vive... Por lo tanto, el legalismo podría definirse como una 'actitud carnal que se conforma a un código con el propósito de exaltar el yo'".[8]

Debemos ser cautas con aquellos que nos ponen presión para hacer algo o no hacer algo para el Señor, y debemos recordar que estamos completas en Cristo y que nuestra salvación ha sido ganada en la cruz. No confundas obediencia a Cristo con legalismo. Los accesorios religiosos y los preceptos legalistas son hechos por los hombres y tienden a glorificar el yo; obedecer a Dios es vivir una vida que glorifica a Cristo conforme a las Escrituras. Estamos pasando por alto la cuestión de la obediencia si nos preocupamos más por el aspecto externo que por el corazón de una persona. Pablo dio en el blanco con las últimas palabras de esta sección, cuando dijo que las reglas y los preceptos "de nada sirven", porque no pueden cambiar el corazón. Podemos hacer un sinfín de cosas externas, que pueden hacernos ver como buenas cristianas, pero lo importante es lo de adentro. Dios no mira la apariencia externa, sino el corazón.

Pasos para vivir segura

LECTURA ADICIONAL: Gálatas 5. Libertad en Cristo.

LA BATALLA POR LA VERDAD:

Destructor de tu seguridad: *No alcanza con ser buena. Necesito hacer más.*

Forjador de tu seguridad: Caminamos seguras al saber que estamos completas en Cristo, y nuestra seguridad se fortalece cuando estamos arraigadas y edificadas en Él.

OPCIONES:

- Camina con Cristo; permanece en Él durante todo el día.
- Pasa tiempo con Cristo en el lugar secreto, meditando en su Palabra y orando.
- Edifica tu vida en Cristo y encuentra tu fortaleza y aprobación en Él.
- Fortalece tu fe con el estudio de buenas enseñanzas bíblicas.
- Rebosa de gratitud.
- Busca solo en Cristo la satisfacción de tu alma.
- Ten cuidado con los complementos religiosos (accesorios) para la salvación en Cristo.

PLAN DELIBERADO: Caminata enérgica.

Caminar y hablar con el Señor puede ser un tiempo maravilloso, no solo para orar, sino para escuchar. Quiero animarte a salir y empezar a caminar, solo tú y Dios. Pero si estás en un crudo invierno, puedes ir a un centro comercial de tu localidad para hacer una pequeña caminata. Mientras caminas, evalúa algunos de los aspectos de caminar con Cristo mencionados en este capítulo. ¿Estás arraigada en Él, edificada en Él, fortalecida en tu fe y rebosando de gratitud? ¿Estás experimentando la satisfacción de tu alma en Él? Busca a Dios y pasa un tiempo en la meditación de su presencia en tu vida. Dale gracias porque Él es suficiente.

PARTE CUATRO

Tu mejor apariencia

Por tanto, también nosotros, que estamos rodeados de una multitud tan grande de testigos, despojémonos del lastre que nos estorba, en especial del pecado que nos asedia, y corramos con perseverancia la carrera que tenemos por delante. Fijemos la mirada en Jesús, el iniciador y perfeccionador de nuestra fe, quien por el gozo que le esperaba, soportó la cruz, menospreciando la vergüenza que ella significaba, y ahora está sentado a la derecha del trono de Dios. Así, pues, consideren a aquel que perseveró frente a tanta oposición por parte de los pecadores, para que no se cansen ni pierdan el ánimo.

HEBREOS 12:1-3 (NVI)

La vida consta de ilusiones perdidas, errores rectificados y reemplazo de ropa que nos queda chica. Sin embargo, tengamos presente que no hay otra manera de crecer.

A. P. GOUTHEY

Capítulo siete

Un tratamiento de belleza glorioso

Una cosa hago: olvidando ciertamente lo que queda atrás, y extendiéndome a lo que está delante, prosigo a la meta, al premio del supremo llamamiento de Dios en Cristo Jesús.

Filipenses 3:13-14

Vive cerca de Dios, y todas las cosas te parecerán pequeñas en comparación con las realidades eternas.

Robert Murray M'Cheyne

¿Te han hecho alguna vez uno de esos cortes de cabello tan desastrosos que pensaste que tu vida se había acabado hasta que el cabello volviera a crecer? Hace varios años, cometí el error de ir a un nuevo salón de belleza y decirle al grande y corpulento estilista turco que quería probar un estilo nuevo más corto para mi cabello. ¡Gran error! Empezó a cortar y cortar, y antes que pudiera detenerlo, la mayor parte de mi cabello estaba sobre el piso del salón. Entré a la peluquería con una larga cabellera rubia, y salí con el cabello tan corto que no me quedaba para nada bien.

Cuando mis amigas me vieron, me dijeron lo que se dice generalmente: "Ah, te cortaste el cabello. Bueno, te volverá a crecer". Nunca es bueno escuchar eso. Una nota positiva a ese corte de cabello deprimente fue que cuando empezó a crecer se fue pareciendo al corte de cabello de la princesa Diana. Ahora bien, en toda mi vida nadie me había dicho jamás que me parecía a la princesa Diana, excepto durante aquel tiempo en que me corté el cabello. Recuerdo una vez, cuando subí a un avión, y el asistente de vuelo exclamó: "¡Eres igual a la princesa Diana! Voy a decirte princesa durante el resto del vuelo". Y así lo hizo. Fue un poco raro, a decir verdad, pero fue la única vez en toda mi vida que fui como una princesa por un día.

¿Acaso cuando éramos niñas no soñábamos con ser princesas? En mi caso, solía mirar Cenicienta y pensar qué emocionante sería que el príncipe me buscara, me encontrara y me invitara a ser su princesa. ¿Puedes imaginar la ilusión que Cenicienta debe de haber sentido después que el príncipe la encontró? El zapato de cristal le había calzado bien, y ahora iba a vivir en el palacio. Ya no más ropa vieja, una madrastra mala ni tareas diarias interminables. ¿No sería interesante que una versión de Cenicienta nos mostrara cómo fue su vida durante el lapso de tiempo en el que le calzó bien el zapato de cristal y el día de su boda con el príncipe?

¡Ese sí que fue un tiempo de transición en su vida! Ella necesitaba cambiar su manera de vivir y también su manera de pensar. Ya no era una esclava, sino una princesa. Sin duda, su mente comenzó a enfocarse en diferentes cosas: cosas del palacio, cosas del reino. Su corazón estaba puesto en un nuevo amor, el amor por su príncipe. Con aquel zapato de cristal, toda su vida cambiaría desde adentro hacia fuera.

Igual que Cenicienta, nosotras también hemos sido rescatadas del dominio de las tinieblas y hemos sido invitadas a participar de la herencia del reino de la luz. Como creyentes en Cristo, hemos llegado a ser ciudadanas de un nuevo reino, un reino celestial. Pero todavía no hemos llegado allí. Somos hijas del Rey y esperamos con ansias el día que entremos al palacio celestial.

Busquen su reino

Colosenses parece hablar claramente de este tiempo de ilusión por el próximo reino. Es como si el Rey nos hubiera dado instrucciones sobre cómo prepararnos para la boda entre Cristo y su iglesia. Pablo cambió aquí el enfoque de su carta a los colosenses. En la segunda mitad, se enfocó en cómo podemos vivir prácticamente y aplicar el tesoro de Cristo a nuestra propia vida diaria. Comenzó a hablar del enfoque que deberíamos tener como cristianos.

Colosenses 3:1-4 (nvi)

Ya que han resucitado con Cristo, busquen las cosas de arriba, donde está Cristo sentado a la derecha de Dios. Concentren su atención en las cosas de arriba, no en las de la tierra, pues ustedes han muerto y su vida está escondida con Cristo en Dios. Cuando Cristo, que es la vida de ustedes, se manifieste, entonces también ustedes serán manifestados con él en gloria.

¡Hemos sido destinadas para otro reino! Deberíamos buscar y concentrar nuestra atención en ese reino, no en este. La frase "busquen las cosas de arriba" implica una búsqueda continua, ferviente. En otras palabras, no dejemos de buscar los tesoros del reino de Dios. Pero el reto al que nos enfrentamos es que las cosas de *este* reino nos distraen bastante. Nos gritan y nos dicen: "Mírame, enfócate en mí, preocúpate por mí". Nuestros corazones se debilitan, y perdemos nuestro deseo por el palacio, que parece tan lejano, cuando nos obsesionamos por las cosas terrenales temporales: nuestra apariencia, nuestras posesiones, nuestras relaciones.

En su sermón del monte, Jesús habló de las preocupaciones y las distracciones de este mundo comparado con buscar su reino. Escucha las palabras que nuestro Príncipe dirige a nuestro corazón. Imagínate que te está mirando a los ojos mientras te dice estas palabras llenas de amor y confianza:

Por eso les digo: No se preocupen por su vida, qué comerán o beberán; ni por su cuerpo, cómo se vestirán. ¿No tiene la vida más valor que la comida, y el cuerpo más que la ropa? Fíjense en las aves del cielo: no siembran ni cosechan ni almacenan en graneros; sin embargo, el Padre celestial las alimenta. ¿No valen ustedes mucho más que ellas? ¿Quién de ustedes, por mucho que se preocupe, puede añadir una sola hora al curso de su vida? ¿Y por qué se preocupan por la ropa? Observen cómo crecen los lirios del campo. No trabajan ni hilan; sin embargo, les digo que ni siquiera Salomón, con todo su esplendor, se vestía como uno de ellos. Si así viste Dios a la hierba que hoy está en el campo y mañana es arrojada al horno, ¿no hará mucho más por ustedes, gente de poca fe? Así que no se preocupen diciendo: "¿Qué comeremos?" o "¿Qué beberemos?" o "¿Con qué nos vestiremos?" Porque los paganos andan tras todas estas cosas, y el Padre celestial sabe que ustedes las necesitan. Más bien, busquen primeramente el reino de Dios y su justicia, y todas estas cosas les serán añadidas.[1]

¡Con cuanta ternura y bondad el Señor cuida de nuestras necesidades! Cuando cambio mi enfoque al reino de Dios y lo busco por sobre todas las cosas, mis preocupaciones por las cosas de este mundo disminuyen. Necesito que Él me ayude a buscar las cosas de arriba.

Padre, ayúdame a buscar tu reino. Ayúdame a no distraerme y preocuparme por este. Ayúdame a descansar en la seguridad de tu poder y tu fortaleza. Tú eres mi Guardador. Tú conoces mis necesidades, porque cuidas de tus hijos.

No solo debemos poner nuestro corazón en las cosas de arriba, sino también nuestra mente. Nuestros pensamientos así como nuestra dedicación deben enfocarse en el cielo. Cuando un atleta compite en una carrera, su enfoque debe estar en una cosa, en una sola cosa, en la línea final. Si un atleta mira a la derecha o a la izquierda y se distrae, entonces pierde la carrera. Nuestro enfoque es importante en la carrera de la vida también. Debemos llenar nuestra mente con cosas que nos señalan el camino a la eternidad y nos preparan para ese reino. Debemos preguntarnos: "¿Con qué lleno generalmente mi mente, y qué camino me señalan esas cosas?". Las Escrituras no dicen que nunca deberíamos mirar una revista de moda o decoración, o una película o programa de televisión secular. No nos dice que ignoremos a los niños y pasemos todo el tiempo orando y leyendo la Biblia. Por el contrario, dice que consideremos nuestro enfoque. ¿Dónde está puesta nuestra atención y dedicación?

Las cosas de arriba

"Las cosas de arriba" parecen inciertas. ¿Cuáles son "las cosas de arriba"? Pablo repitió esta expresión dos veces, de modo que era de mucha importancia para él. Sé cuáles son las cosas de aquí abajo. Jesús incluso nombró algunas de ellas en el pasaje que acabamos de leer: qué comemos, qué bebemos, con qué nos vestimos. Podríamos agregar a esa lista en dónde vivimos, a qué escuela van nuestros hijos, qué hacemos con nuestro tiempo. Ninguna de estas cosas es algo malo, pero no deberían abarcar todo nuestro enfoque. Entonces, ¿cuáles son las cosas celestiales? La primera cosa celestial que me viene a la mente es Dios mismo: Padre, Hijo y Espíritu. Concentrarse en las cosas de arriba significa enfocarse continuamente en Él y su agenda, preguntarnos cosas como: "¿Qué quisiera Dios que hiciera en esta situación? ¿Le complace esto a Él? ¿Qué me quiere enseñar Él aquí?".

Buscar el reino de Dios significa desear hacer lo que Él quiere que yo haga y desear su voluntad por sobre la mía. Todo tiene que ver con amarlo más y esperar con ansias su reino. ¡Buscar las cosas de arriba no significa un cristianismo sin entusiasmo! ¿Puedes imaginar a Cenicienta, que en vez de prepararse para ir al palacio, está sentada sin hacer nada, diciendo: "Bueno, está todo bien con el príncipe. Pero no lo conozco muy bien. No tengo idea de cómo quiere que me vista o qué le gusta. Pienso que mejor me ocuparé de algunas cosas por aquí. ¿Me pregunto qué están haciendo algunas de mis hermanastras malas en este momento? Creo que iré a averiguarlo"? No, si yo fuera Cenicienta, quisiera saber cómo es el príncipe. Estudiaría cuál es el protocolo para el palacio, cómo quiere el rey que yo viva y actúe, y comenzaría por deshacerme de parte de mi ropa vieja.

Buscar apasionadamente las "cosas de arriba" significa cambiar nuestra perspectiva de hacer hincapié en lo temporal para hacer hincapié en lo eternal. Comenzamos a ver la vida desde la perspectiva de Dios y pensar en las cosas en vista del cielo. Colosenses nos recuerda que hemos muerto al viejo yo y nuestra vida ahora está escondida con Cristo en Dios. Estamos vivas en Cristo y muertas a la vieja naturaleza de pecado. No quiero que dejemos de ver la belleza de la frase "escondida con Cristo en Dios". Estamos seguras en los brazos de Cristo. Nadie puede arrebatarnos de sus manos. Sabemos que nuestro destino eterno está seguro en Él. Un día, cuando Cristo aparezca, entonces también apareceremos con Él en gloria. ¡Oh, qué día glorioso!

El día glorioso

Mi hija Joy se acaba de casar con un joven maravilloso. Él era, sin lugar a dudas, el hombre indicado para ella. Se llama Adam Wright, y es el hombre perfecto en todo sentido. Siempre oré para que mis hijas se casaran con hombres que amaran a Dios, su Palabra, el trabajo esforzado y a nuestras hijas. Adam es realmente la respuesta a nuestras oraciones. Cuando él y Joy estaban planificando su boda, no querían usar la marcha de boda tradicional. Buscaron y buscaron hasta encontrar la canción indicada que fuera significativa y que, además, fuera una gran canción de entrada para cuando de repente las puertas se abrieran y la novia desfilara por el pasillo.

Encontraron un antiguo himno titulado "Un día". Varios artistas cristianos han hecho una versión actualizada de este gran himno antiguo, con un pequeño cambio de compás y un nombre nuevo: "Día glorioso". La canción es perfecta, porque habla de todo lo que Cristo ha hecho por nosotros en la cruz y el día glorioso en que se levantó de la muerte. La canción llega a un punto culminante al describir el día glorioso cuando nos veremos cara a cara. El libro de Apocalipsis dice que un día, como creyentes en Cristo, participaremos de la cena de las bodas del Cordero cuando la novia de Cristo (la iglesia) se unirá a Él. Una boda aquí en la tierra es una figura maravillosa del día glorioso, cuando estaremos con Cristo allí arriba.

Estas son las palabras del himno escrito por J. Wilbur Chapman (1859-1918):

Un día (Día glorioso)

Un día que el cielo sus glorias cantaba,
un día que el mal imperaba más cruel;
Jesús descendió y al nacer de una virgen,
nos dio por su vida un ejemplo tan fiel.

CORO
Vivo me amaba; muerto salvome;
y en el sepulcro mi mal enterró;
Resucitado me dio justicia,
un día Él viene, pues lo prometió.

Un día lleváronle al monte Calvario,
un día caváronle sobre una cruz;
sufriendo dolores y pena de muerte,
expiando el pecado, salvome Jesús.

Un día dejaron su cuerpo en el huerto,
tres días en paz reposó de dolor.
Velaban los ángeles sobre el sepulcro
de mi única, eterna esperanza, el Señor.

Un día otra vez viene con voz de arcángel,
un día en su gloria el Señor brillará;
¡Oh, día admirable en que unido a su pueblo
loores a Cristo por siempre dará![2]

¿No es genial? ¡No podrían haber elegido una canción mejor! Adam y Joy me dieron instrucciones estrictas de dónde debía estar yo. Como sabrás, cuando la madre de la novia se para, la audiencia hace lo mismo, las puertas se abren de par en par, y allí está la novia. ¡Fue perfecto! De repente, las puertas se abrieron justo cuando la música llegó a su punto culminante en el coro. Fue espectacular. Desearía que hubieras estado allí. (No estoy *demasiado* orgullosa, ¿o sí?).

Te cuento esta historia solo para recordarte lo que debemos esperar con ansias. Estamos viviendo para ese día glorioso. Así como una novia se prepara y se enfoca en el día de su boda, así nos preparamos nosotras y nos enfocamos en ese día. Aunque Joy y yo tratamos de mantener las cosas en perspectiva, hubo veces cuando la planificación y la preparación para su boda nos consumió todo el tiempo. ¡Trabajábamos para ese día, orábamos por ese día, hacíamos compras para ese día, pensábamos en ese día todo el tiempo! Como la novia de Cristo, nosotras, sus amadas, debemos dedicar todo nuestro tiempo para el día de nuestra boda. Debemos pensar en él, planificar para él y prepararnos para él como nuestro enfoque principal en la vida, y poner nuestra mente y nuestro corazón en las cosas de arriba.

No tan bonita

Imagínate que estás en una boda. Suena la marcha nupcial, las damas de honor desfilan por el pasillo, y entonces llega el gran momento que todos esperan; de repente ¡las puertas se abren, y allí está la novia! Pero está vestida con ropa vieja; harapos inmundos y sucios. La multitud no puede creerlo. ¿No es ella la novia? ¿No debe tener un vestido de novia? ¿Acaso no tenía suficiente dinero para comprarse un vestido nuevo? No, el novio le compró un hermoso vestido. Entonces, ¿se olvidó ella de que era el día de su boda? O peor aún, ¿qué tal si ni siquiera le importó?

Seguramente esto nunca suceda, dices tú. Sin embargo, con respecto a Cristo y su novia (la iglesia), esta no es una descripción tan inverosímil. ¿Qué clase de vestimenta tenemos? Colosenses dice que debemos sacarnos la ropa vieja de nuestra antigua naturaleza de pecado y ponernos las prendas de justicia nuevas y hermosas, que Cristo nos ha dado. Es tentador ponernos algunas de nuestras prendas de vestir viejas, usadas y cómodas, pero ya no son adecuadas para una hija del Rey. Así como Cenicienta tenía que deshacerse de la ropa vieja y prepararse para su nueva vida en el palacio, del mismo modo debemos deshacernos de algunas costumbres y acciones antiguas. Pablo nos da una lista de cosas para descartar del guardarropa de nuestro corazón:

Colosenses 3:5-11 (nvi)

Por tanto, hagan morir todo lo que es propio de la naturaleza terrenal: inmoralidad sexual, impureza, bajas pasiones, malos deseos y avaricia, la cual es idolatría. Por estas cosas viene el castigo de Dios. Ustedes las practicaron en otro tiempo, cuando vivían en ellas. Pero ahora abandonen también todo esto: enojo, ira, malicia, calumnia y lenguaje obsceno. Dejen de mentirse unos a otros, ahora que se han quitado el ropaje de la vieja naturaleza con sus vicios, y se han puesto el de la nueva naturaleza, que se va renovando en conocimiento a imagen de su Creador. En esta nueva naturaleza no hay griego ni judío, circunciso ni incircunciso, culto ni inculto, esclavo ni libre, sino que Cristo es todo y está en todos.

Observa que Pablo dice: "Hagan morir...". No debemos permitir que esa ropa vieja siga en nuestra vida. Pablo no quería que la pongamos en una caja y la guardemos en nuestro guardarropa en caso de que queramos usarla otra vez. Debemos hacerla morir. Deshazte de ella completamente. ¡Limpia tu ropero!

Estas son cosas desagradables que podrían haber estado en nuestra vida antes de Cristo, pero ya no es la vestimenta indicada para nosotras como su novia. Pablo dice que dado que tenemos una vida nueva en Cristo, nos hemos quitado el ropaje de la vieja naturaleza. El término "quitado" se refiere aquí a desnudarse o desvestirse. Cuando llegamos a Cristo, recibimos un tratamiento de belleza divino; ahora bien, ¿por qué volveríamos a usar esa vestimenta tan indecorosa? Sin duda, no nos quedaría para nada bien.

Veamos la ropa que Pablo identificó y que debemos "eliminar" de nuestro guardarropa:

Inmoralidad sexual, impureza, bajas pasiones. En su carta a los efesios, Pablo puso de manifiesto la belleza de la pureza sexual: "Por esto dejará el hombre a su padre y a su madre, y se unirá a su mujer, y los dos serán una sola carne. Grande es este misterio; mas yo digo esto respecto de Cristo y de la iglesia".[3] Dios ha dispuesto las relaciones sexuales entre un hombre y una mujer en el contexto del matrimonio, porque es una figura de Cristo y su iglesia. La palabra griega para inmoralidad sexual es *porneia*, que se refiere a adulterio, fornicación o relaciones sexuales ilícitas. Pablo advirtió a los corintios: "Huyan de la inmoralidad sexual. Todos los demás pecados que una persona comete quedan fuera de su cuerpo; pero el que comete inmoralidades sexuales peca contra su propio cuerpo. ¿Acaso no saben que su cuerpo es templo del Espíritu Santo, quien está en ustedes y al que han recibido de parte de Dios? Ustedes no son sus propios dueños; fueron comprados por un precio. Por tanto, honren con su cuerpo a Dios".[4]

Malos deseos. Este concepto enfatiza la lujuria, los deseos ardientes y los anhelos que casi siempre tenemos por lo prohibido. Se refiere a todo el contenido del mundo de lujuria activa y al anhelo irracional por el placer y los deseos desenfrenados. Santiago hablaba de estos malos deseos cuando escribió: "Sino que cada uno es tentado, cuando de su propia concupiscencia es atraído y seducido. Entonces la concupiscencia, después que ha concebido, da a luz el pecado; y el pecado, siendo consumado, da a luz la muerte".[5] Así como debemos amar al Señor con todo nuestro corazón, también debemos guardar nuestro corazón de los malos deseos, porque de nuestro corazón mana la fuente de vida. No permitas que los deseos y anhelos desenfrenados tomen control de tu corazón.

Avaricia. Pablo dijo que la avaricia es idolatría. La idolatría es adorar cualquier cosa aparte de Dios. Generalmente, pensamos en la avaricia con respecto al dinero; sin embargo, la avaricia puede abarcar otras áreas que buscamos con todo el corazón y que pensamos que nos van a satisfacer. Éxito, fama, comida, aprobación, estatus, poder y personas, todas estas cosas pueden llegar a ser ídolos en nuestra vida. Por lo general, no pensamos que adoramos a ídolos, pero los ídolos pueden dominar nuestro corazón fácilmente y sin aviso. En su libro *Dioses falsos*, el escritor Timothy Keller escribe: "El corazón humano toma las cosas buenas, como una carrera exitosa, el amor, las posesiones materiales, incluso la familia, y las convierte en cosas supremas. Nuestro corazón las deifica como el centro de nuestra vida, porque pensamos que, si las alcanzamos, pueden darnos importancia y seguridad, protección y satisfacción".[6] Que Dios abra nuestros ojos a los ídolos profundos de nuestro corazón.

Enojo, ira. El enojo es en y por sí mismo una emoción que sentimos ante una injusticia, ya sea hacia nosotras u otra persona. Pablo advierte en su carta a los efesios: "Si se enojan, no pequen". Podríamos sentir un enojo genuino, pero debemos tener cuidado de no pecar con él. Pablo nos aconsejó a no dejar que el sol se ponga cuando aún estamos enojados. Siguió diciendo: "Eviten toda conversación obscena... Abandonen toda amargura, ira y enojo, gritos y calumnias, y toda forma de malicia".[7] Cuando dejamos que el enojo se encone y crezca, se degenera en amargura y falta de perdón, y finalmente explota como un volcán que destruye todo a su paso. La solución es tratar con nuestro enojo de una manera sabia y cuidadosa. Perdonar, confrontar con delicadeza, decir la verdad en amor y comunicarnos con dulzura, todo esto permite que el enojo se calme poco a poco con resultados positivos.

La ira es un arrebato de enojo malsano. Cuando no tratamos con nuestro enojo correctamente, por un camino positivo, la ira nos lleva por un camino diferente e improductivo. La ira es un arrebato destructivo, que no solo es impropio de la novia de Cristo, sino que puede destruir relaciones y herir profundamente corazones tiernos. El dominio propio es un hermoso fruto del Espíritu de Dios y una prenda de vestir mucho más bonita para una dama.

Malicia, calumnia. Malicia se refiere a la intención deliberada de herir o traer maldición sobre otra persona. Va de la mano con la calumnia; es tratar de herir a alguien o destruirlo con tus palabras. En Romanos leemos:

> *El amor debe ser sincero. Aborrezcan el mal; aférrense al bien. Ámense los unos a los otros con amor fraternal, respetándose y honrándose mutuamente... No paguen a nadie mal por mal. Procuren hacer lo bueno delante de todos. Si es posible, y en cuanto dependa de ustedes, vivan en paz con todos. No tomen venganza, hermanos míos, sino dejen el castigo en las manos de Dios, porque está escrito: "Mía es la*

> *venganza; yo pagaré", dice el Señor. Antes bien, "Si tu enemigo tiene hambre, dale de comer; si tiene sed, dale de beber. Actuando así, harás que se avergüence de su conducta". No te dejes vencer por el mal; al contrario, vence el mal con el bien.*[8]

Lenguaje obsceno. Nuestras palabras revelan lo que hay en nuestro corazón. El lenguaje obsceno se refiere a expresiones groseras e incluye todo tipo de abuso con palabras vulgares así como, obviamente, ofensivas. Es la erupción de un espíritu de desamor, irrespetuosidad o desinterés hacia otra persona. Limpiemos nuestra boca limpiando primero nuestra mente y nuestro corazón. Jesús dijo: "De la abundancia del corazón habla la boca. El que es bueno, de la bondad que atesora en el corazón saca el bien, pero el que es malo, de su maldad saca el mal".[9] Necesitamos ser conscientes de algunas de las influencias que nos familiarizan con un lenguaje obsceno en nuestra vida, y en cambio llenar nuestra mente y nuestros oídos con palabras buenas. Pidámosle al Señor que limpie nuestro corazón y lo llene de amor y respeto hacia los que nos rodean.

Dejen de mentirse unos a otros. La sinceridad y la integridad son dos atributos que debemos vestir en cada área de nuestra vida. Debemos quitarnos la ropa vieja y fea del engaño y la falsedad. Hay muchas culturas en el mundo de hoy que no valoran hablar con la verdad. No debemos vivir como el mundo, porque somos diferentes; somos la novia de Cristo. Nos hemos quitado la ropa que el mundo usa y nos hemos puesto una vestimenta nueva. Piensa en tus relaciones y lo que sale de tu boca cuando estás contando una historia de otra persona. Ten cuidado con tus palabras. Apóyate en Dios, no en el engaño, para guiarte a donde quieres ir. Habla la verdad y asegúrate de hacerlo en amor. Tampoco uses la verdad como una excusa para chismear. Solo porque conoces la historia de otra persona no significa que necesitas contarla, aunque sea verdad. En definitiva: ten cuidado con lo que dejas salir de tu boca. La falta de sinceridad altera la unidad del cuerpo y, al mismo tiempo, destruye tu reputación.

Nueva y renovada

Nos sentimos bien cuando limpiamos nuestro guardarropa y nos deshacemos de alguna ropa que está fuera de moda y que ya no nos queda bien. En términos espirituales, nos sentimos bien cuando nos deshacemos de la antigua vestidura de nuestra naturaleza de pecado. Nuestra ropa vieja y fea podría haber sido todo tipo de prendas de vestir, desde lenguaje obsceno hasta inmoralidad sexual. Hemos sido hechas nuevas en Cristo. Estamos aprendiendo a crecer cada día en Él mientras somos transformadas a su imagen. Pablo dice que somos renovadas en el conocimiento de la imagen de nuestro Creador. Cuanto más le conocemos, más somos como Él. ¡Y podríamos agregar que la nueva mujer en ti es bonita! Una nueva seguridad, la seguridad en Dios, se desarrolla cuando desechas tu ropa vieja y fea.

Dios no quiere que la desechemos porque Él es malo y desinteresado. Al contrario; porque nos ama, no quiere que quedemos enredadas en conductas que pueden llevarnos a la ruina y la destrucción de nuestra vida. El otro día estaba pensando en esto cuando paseaba a mis perros. Cuando es la temporada de las serpientes, no dejo que mis perros se acerquen al arroyo, porque hay serpientes mocasín de agua en el área. Paseo a mis perros lejos del pasto alto donde una serpiente los podría morder. Es tentador para ellos, y quieren ir corriendo hasta el arroyo, pero yo sé qué es mejor para ellos. Si me escuchan, disfrutarán de una vida libre de mordeduras de serpientes. ¿Entiendes lo que estoy diciendo? Es por amor que los mantengo lejos del pasto alto junto al arroyo, y es por amor que Dios nos lleva a alejarnos de las conductas nocivas.

Janeé es una hermana en Cristo bella y segura, pero no siempre fue así. De niña cargó con el desagradable equipaje del engaño y lo llevó hasta principios de su edad adulta. Cuando era joven, un vecino abusó sexualmente de ella, y ella comenzó a encubrirlo con historias inventadas. Sus historias aumentaron cuando entró a la universidad, con el propósito de hacer que los demás pensaran que ella era algo que no era. Sus mentiras eran cada vez más grandes para ocultar el trastorno alimenticio que padecía, hasta el punto de decir que tenía cáncer en vez de contar la verdad. Cuando entró al mundo profesional, mintió con respecto a su edad y su trayectoria. Pensaba que estaba haciendo bien al hacer malabares con todas las historias y su engaño.

Un día, le pidieron que hablara a un grupo de mujeres jóvenes sobre el tema de los buenos modales y la belleza. Sin embargo, cuando llegó para hablar se dio cuenta de que su audiencia necesitaba que le hablara de asuntos más profundos. Al ver la necesidad de aquellas muchachas jóvenes, sintió convicción de su propia necesidad. El Señor comenzó a obrar en el corazón de Janeé y la atrajo a Él. Ella tomó la decisión de colocar su fe en Cristo y seguirlo. A medida que crecía en el conocimiento y el amor de Cristo, también se dio cuenta de que Él la había hecho libre de la necesidad de mentir. Entonces supo que el engaño era parte de su vieja vestidura y que era tiempo de desechar esa ropa vieja y fea. Se sinceró y les confesó a su familia y sus amistades que había estado viviendo una mentira.

No fue fácil, pero Janeé supo, a ciencia cierta, que el engaño no era propio de su nuevo guardarropa, que estaba siendo renovado en el conocimiento de la imagen de su Creador. Ella es ahora una mujer nueva. Es una mujer segura, que no se esconde bajo una capa de mentiras para quedar bien y conseguir lo que quiere. Es una mujer radiante, que depende de Cristo, y Él es su cobertura. Desechar la conducta vieja, indecorosa y pecaminosa fue un paso importante para que Janeé pudiera vivir una vida segura. Ella sabe que Cristo le ha dado una vida nueva y la ha dotado de dones y talentos para servirle. De hecho, ha comenzado un programa de televisión que anima a las mujeres a ser veraces y auténticas.[10] ¡Qué cualidades tan bonitas para una mujer que encuentra su identidad en Cristo! Como dijo Pablo al final de este pasaje: "Cristo es todo y está en todos". Así es como Janeé define su vida ahora, y nosotras podemos hacer lo mismo.

Pasos para vivir segura

Lectura adicional: 2 Corintios 5 y 6. La expectativa del cielo.

La batalla por la verdad:

Destructor de tu seguridad: *Dios no me entiende. No podría amarme.*

Forjador de tu seguridad: Dios nos ama y sabe que una bella confianza se despierta en nosotras cuando ponemos nuestro amor en su reino y desechamos las conductas indecorosas.

Opciones:

- Sigue buscando las cosas del reino de Dios.
- Reconoce, como seguidora de Cristo, que tú eres su novia.
- Desecha todo aquello que pertenezca a tu naturaleza terrenal.
- Huye de la inmoralidad sexual.
- Escudriña tu corazón concerniente a los ídolos.
- Desecha el enojo, la ira, la malicia, el lenguaje obsceno.
- No mientas a otros.
- Sigue creciendo en el conocimiento de Dios.
- Honra a Cristo como el todo y reconoce que Él está en todos.

Plan deliberado: Revisa tu guardarropa.

En este capítulo, aprendimos cuáles son las conductas, acciones y actitudes impropias de la novia de Cristo. Ahora es tiempo de hacer una pequeña limpieza de nuestro guardarropa. No siempre es fácil, pero debemos pedirle al Señor que nos ayude y nos convenza sutilmente de aquellas áreas de nuestra vida donde necesitamos desechar cosas. Vuelve a mirar la lista de cosas que Pablo dice que nos debemos quitar y mira si algunas están presentes en tu vida. Escucha la suave voz del Espíritu Santo; no de la culpa, sino de la convicción. Pídele a Dios que te ayude a deshacerte de algunas de esas prendas de vestir feas. Así como nos gustaría que una amiga nos viniera a ayudar a limpiar nuestro guardarropa y clasificar la ropa que quitaremos, también podríamos pedirle a una amiga cristiana que nos ayude y nos supervise.

CAPÍTULO OCHO

¡Te ves divina!

Fuerza y honor son su vestidura;
Y se ríe de lo por venir.
Abre su boca con sabiduría,
Y la ley de clemencia está en su lengua.

PROVERBIOS 31:25-26

Hay una belleza en la santidad, así como
una belleza de la santidad.

GEORGE SWINNOCK

Un domingo, hace no mucho tiempo, después de la iglesia, Curt y yo fuimos a comer a nuestro restaurante favorito, donde se paga en la caja registradora al marcharse, y nunca se sabe con quién se va a encontrar uno cuando espera en la fila. Este domingo en particular, una hermosa mujer con un auténtico encanto sureño apareció detrás de nosotros, ¡y estoy contenta de que haya aparecido! Lo primero que dijo fue: "¡Querida, ese vestido te queda fabuloso!".

Como puedes imaginar, esa mujer me cayó bien inmediatamente. Siguió diciendo en el acento más marcado de Carolina del Sur que te puedas imaginar: "Crecí en una familia con cuatro hermanas, y nuestra madre siempre nos decía que no importa dónde compras tu ropa o si es de última moda. Lo que importa es que el color sea *tu* color, y el estilo resalte *tu* figura. Mamá nos decía que no usemos ninguna prenda de vestir que no nos favorezca totalmente".

Luego agregó: "Y te digo, cariño, que tu vestido te favorece totalmente".

Bueno, querida, quiero que sepas que caminé con mejor autoestima y seguridad el resto de ese día. ¡Es probable que me ponga ese vestido en cada ocasión especial que tenga durante los próximos diez años! ¿Has encontrado alguna vez una de esas prendas de vestir perfectas, que parece ser justo para ti? El color perfecto, el estilo perfecto, la clase de ropa que sientes como si fuera de un millón de pesos, aunque la compraste en oferta en una tienda de rebajas. Tú sabes cuándo encontraste una, porque todos te dicen lo bien que luces con ella.

En términos espirituales, Dios tiene la ropa perfecta para cada una de nosotras. Es realmente bastante favorecedora. No para nuestra gloria, sino para su gloria. Sin embargo, seguramente nos hace sentir bonitas también. Cuando nos ponemos ese vestido, podemos caminar con una gran seguridad, pues sabemos que tenemos puesto el vestido más fino creado por el Máximo Diseñador. Este Diseñador sabe qué nos queda mejor, y no necesitas dudar de su sabiduría. Cuando te pones esta ropa, no solo te ves bien, sino que haces que otras personas también se vean bien. Sientes una profunda sensación de gozo. Si alguna vez pensaste que la ropa es la clave de tu seguridad, tienes razón: ¡lo es la ropa espiritual! Echemos un vistazo a la vestimenta favorecedora que Él ha diseñado para ti. Y ten presente que Él ya la ha pagado.

COLOSENSES 3:12-13 (NVI)

Como escogidos de Dios, santos y amados, revístanse de afecto entrañable y de bondad, humildad, amabilidad y paciencia, de modo que se toleren unos a otros y se perdonen si alguno tiene queja contra otro. Así como el Señor los perdonó, perdonen también ustedes.

Deberíamos prestar mucha atención a la manera en que Pablo empieza este pasaje. Comienza con la descripción de los creyentes en Cristo como elegidos de Dios, santos y amados. Qué manera perfecta para que un novio se dirija a su novia. ¿Puedes escuchar la voz de Jesús que te dice: "Mi preciosa, yo te elegí. Tú eres mi amada. Mi santa, apartada solo para mí. Aquí está tu vestido de novia. Es así como quiero que te vistas. Lo pagué con mi propia sangre. Te doy este vestido, porque te amo y quiero lo mejor para ti. Te pido que te vistas así, porque tú también me amas"?

Una novia hermosa

El término que Pablo usa en Colosenses 3:12 para "revístanse" en realidad es la palabra del griego *enduo*, que significa literalmente penetrar en un vestido. Como mujeres podemos entender ese concepto, ¿no es cierto? Estoy segura de que lo has experimentado al probarte varias prendas de vestir y decir, luego de encontrar la chaqueta o el vestido perfecto: "Ah, es esta". ¡Supiste que esa prenda había encontrado la dueña perfecta! Pablo te dice, porque eres santa y muy amada, que te revistas de estas prendas nuevas. Empecemos a penetrar, literalmente, nuestros brazos en las dos primeras cualidades que él menciona.

Afecto entrañable y bondad. Cuando pienso en estas dos cualidades, pienso en brazos que se extienden para alcanzar a otros en necesidad. Estas no son palabras pasivas, sino activas, de modo que debemos tener la iniciativa de buscar oportunidades de mostrar bondad y compasión. ¿Quién ha puesto Dios en tu camino? ¿De qué manera estás dotada para suplir las necesidades de los demás? No puedes hacer todo, pero puedes hacer algo. Comienza con un corazón benigno y busca lugares donde puedas usar tus dones y talentos para bendecir a otros. Pídele al Señor que abra tus ojos a las necesidades que hay a tu alrededor, comenzando por los corazones heridos más cercanos a ti. Al final, la necesidad más grande que cualquier persona puede tener es la necesidad de un salvador. Que nuestra compasión se extienda para dar testimonio de Cristo a aquellos que están en necesidad.

La bondad no se limita a nuestras acciones; debería encontrarse también en nuestras palabras. Proverbios 31 describe a la esposa virtuosa como aquella que tiene "enseñanza de bondad en su lengua". Es decir, que la bondad es la norma de sus palabras. No seas buena solo cuando estés frente a las personas, sino también a sus espaldas. Esto es verdadera nobleza y caridad. A veces las palabras de las personas no concuerdan con sus acciones. He visto mujeres que sirven, asisten y ayudan a los pobres y desamparados; sin embargo, con su lengua pueden hacer trizas a alguien o burlarse de ella a sus espaldas. Cuando destruimos a otra persona, en realidad, nos morimos por dentro y perdemos seguridad y un sentido de integridad personal. Sé consecuente con palabras buenas y acciones buenas.

Dios te llevará a donde debas servir. Solo pídeselo. Hace alrededor de dos años, estaba orando para que el Señor me mostrara algún lugar donde servir. Personalmente, me encanta trabajar con las personas que tienen necesidades especiales, pero no estaba segura de dónde o cómo involucrarme. Un sábado recuerdo haber orado específicamente para que el Señor guiara mi camino, y de repente me vino a la mente el ministerio de *Joni and Friends* [Joni y sus amigos]. Conocía el ministerio a la distancia y sabía que de varias maneras servían a las personas con necesidades especiales. Aun así, no sabía si tenían algún contacto en Dallas o cómo podría participar. Así que le pedí al Señor que me mostrara qué hacer. La noche siguiente, Curt y yo asistimos a una gran cena social en la casa de unos amigos. Cuando estábamos en la fila del bufé, empecé a hablar con una joven agradable que estaba frente a mí, llamada Janet. Cuando le pregunté qué hacía, me dijo: "Oh, trabajo con *Joni and Friends*. ¿Oíste alguna vez hablar de ellos?". Janet y yo nos hicimos muy amigas, y ella me ayudó a buscar la manera de poder servir en el ministerio a través de mis dones y talentos.

Humildad. La humildad es una cualidad hermosa y fuerte. Jesús nos dio la imagen perfecta de cómo es la humildad. Él, que era por naturaleza Dios, no consideró el ser igual a Dios como algo a qué aferrarse. En cambio, renunció a sus derechos celestiales y vino a la tierra como un siervo. Glorificó a Dios y pensó en los demás antes que en Él mismo. Humildad no es ser una persona que se deja pisotear, de la que todos se aprovechen. Humildad no significa odiarte y torturarte en tu mente. Humildad significa ser como Cristo; admirar a Dios y ver las necesidades de los demás, pero sin buscar nuestra propia gloria. Humildad también significa reconocer que todo lo que tenemos viene de Él. Significa entregar nuestras cargas a Dios, porque sabemos que solas no podemos resistir llevarlas.

El apóstol Pedro, denodado y seguro, también habló de ponerse la ropa de la humildad. Mira cómo nos alentó a ser humildes: "Revístanse todos de humildad en su trato mutuo, porque 'Dios se opone a los orgullosos, pero da gracia a los humildes'. Humíllense, pues, bajo la poderosa mano de Dios, para que él los exalte a su debido tiempo. Depositen en él toda ansiedad, porque él cuida de ustedes".[1]

Nunca somos más orgullosas que cuando decimos: "Puedo hacerlo sola". Vivimos en humildad cuando decimos: "Señor, Dios, sé que te necesito en este momento. Tú sabes lo que necesito. Gracias por cuidar de mí y darme lo que necesito". La humildad es una bonita prenda de vestir en una mujer segura, porque reconoce su dependencia de Dios y busca el beneficio de los demás.

Amabilidad. La amabilidad es otra de esas cualidades que podría parecer débil en el mundo de hoy; sin embargo, necesitamos el poder de Dios y el dominio propio para ser amables, especialmente en circunstancias desagradables. Pablo advirtió a los filipenses: "Que su amabilidad sea evidente a todos. El Señor está cerca". Cualquiera puede perder la calma, gritar, chillar y degradar a los demás. Eso es fácil. Una persona necesita estar bajo el control de Dios para manejar las cosas con amabilidad, ¡y más se logra con amabilidad que con disensión! Quiero animarte a ser amable y a comenzar primero con aquellos que están en tu propia casa. Las palabras duras solo engendran respuestas duras. Que tu amabilidad sea evidente a todos, porque Dios está cerca. Él es amable, compasivo, lleno de bondad. Recurre a Él, pídele que te dé su amabilidad para tratar con tu familia y con quienes te relacionas.

Paciencia. Longanimidad es otra palabra para paciencia. ¿Estás dispuesta a ser constante de ánimo? En la cultura de hoy, todo es rápido. La paciencia parece ir en contra de la corriente en este mundo apresurado; sin embargo, Dios tiene paciencia con nosotras. Estoy muy contenta de que Dios no nos mira y dice: "¿Por qué no has aprendido todavía? ¿Cuánto tiempo necesitas para madurar?". La Biblia nos dice: "Misericordioso y clemente es Jehová; lento para la ira, y grande en misericordia".[2] Y también dice que uno de los frutos del Espíritu es la paciencia.[3]

Necesitamos su paciencia, ¿no es cierto? No estoy hablando de tener paciencia en la fila de autoservicio de McDonald's. Estoy hablando de tener paciencia con nuestros familiares y nuestras amistades; tener un entendimiento y perdón ecuánime hacia ellos. Lo opuesto a tener paciencia con los demás sería resentimiento, ira o tratar de ejecutar venganza. ¿Eres paciente para esperar el tiempo de Dios? ¿Eres paciente para con los demás, pues reconoces que todos somos obras en proceso? Necesitamos tener la misma clase de paciencia que esperamos que otras personas tengan con nosotras. Y recuerda que el amor es paciente, el amor es benigno.

Compasión

En 1983, Robert Duvall y Tess Harper protagonizaron una película llamada *Gracias y favores*. Duvall interpreta un ex ícono de la música country (Mac Sledge). Como se había quedado sin un centavo y se había convertido en un alcohólico, se ofrece a trabajar en un motel rural de Texas a cambio de alojamiento y comida. Tess Harper interpreta a una joven (Rosa Lee) viuda de un veterano de Vietnam, que administra el motel con su hijo. A medida que pasan los meses, el ex cantante desarrolla un vínculo con la mujer y su hijo al experimentar los efectos sanadores de su hermosa compasión cristiana. Finalmente, al comenzar a reedificar su vida, se casan. A pesar de sus dificultades y aspecto rudo, Rosa decide no ser exigente con él. Ella nunca lo amenaza, sino que en actitud amable, callada y paciente —con compasión— confía que Dios tratará con su esposo. Ella sabe que es la obra de Dios, no de ella.

La historia llega a un punto culminante cuando Mac, en medio de una depresión y confusión, va con su camioneta a comprar una botella de alcohol y piensa en marcharse. Rosa espera en su cama y repite citas de las Escrituras para animarse. Finalmente, él vuelve al hogar y dice: "Compré una botella, pero la derramé. No tomé ni una gota". La compasión de ella hacia Mac le ayuda a dar la vuelta y volver con su familia. Luego también vuelve al trabajo de escribir canciones, que tanto ama.

Compasión: es la belleza del amor de Dios para con nosotras. Es la bondad de Dios que nos lleva al arrepentimiento. Cuando entendemos verdaderamente la compasión de Dios hacia nosotras en su paciencia, misericordia y perdón, podemos reflejar mejor nuestra compasión hacia otros. Rosa confiaba en Dios y reflejaba su bondad y compasión en su hogar. Dios usó su noble fortaleza para cambiar la vida de su esposo. ¡Oh, el poder de la misericordia y el amor de Dios cuando se refleja en nuestra vida!

Que se toleren unos a otros y se perdonen... Así como el Señor los perdonó. La paciencia se prueba cuando toleramos a alguien. ¿Qué significa "tolerar" a otros? Significa perseverar, tener paciencia con ellos, al entender que Dios persiste en hacer que maduren y en ayudarles a crecer. Ya sea un hijo difícil, una compañera de cuarto problemática, un cónyuge irritante, una compañera de trabajo molesta o los diferentes miembros de la iglesia, somos llamadas a tolerarnos unos a otros. En esto, puede que tengamos que fijar límites y confrontar con amor. Todas las relaciones son difíciles a veces, y todas requieren a veces un poco de perseverancia y morir a nuestras propias exigencias. ¿A quién debes tolerar en este momento de tu vida?

Al tolerar a otros, también debemos perdonar constantemente. Y digo *debemos*. Como cristianas, en las Escrituras se nos ordena perdonar como hemos sido perdonadas. Perdón no significa permitir que alguien se aproveche siempre de ti. No, puede que tengamos que fijar límites o expresar lo que nos preocupa, pero perdonar significa renunciar a nuestro derecho de ofendernos con otra persona. Es un asunto del corazón. Y es para tu beneficio mucho más que para beneficio del ofensor. Hay consecuencias con la ley y, sin duda, con las circunstancias naturales; sin embargo, el perdón tiene que ver con el corazón; es soltar el dominio mental de la ofensa. Jesús nos dio el mejor ejemplo cuando colgaba de la cruz y oró: "Padre, perdónalos porque no saben lo que hacen".

Jesús también enseñó sobre el tema del perdón. Cuando Pedro le preguntó cuántas veces deberíamos perdonar a quienes nos ofenden, pensó que estaba siendo sumamente generoso al sugerir siete veces. Pero Jesús no limitó a eso el perdón. Dijo que deberíamos perdonar setenta veces siete; lo cual significaba perdonar constantemente. Después Jesús contó la historia de un siervo que se negó a perdonar. Su amo le había perdonado una gran suma; sin embargo, él no quiso perdonar lo poco que le debían. Tras escuchar lo que el siervo había hecho y su falta de perdón, el amo lo envió a la prisión para que lo castigaran hasta que pudiera pagar su deuda. Jesús agregó: "Así también mi Padre celestial los tratará a ustedes, a menos que cada uno perdone de corazón a su hermano". Jesús tomaba en serio el asunto del perdón, y nosotras también deberíamos tomarlo en serio.

No tomes a la ligera tu falta de perdón. Es tiempo de tratar con ello. Si quieres vivir segura, entonces debes perdonar a aquellos que te han ofendido. No estoy diciendo que sea fácil. Puede que necesites pedirle al gran Dios, quien perdona todas tus deudas, que te ayude a renunciar al derecho de sentirte ofendida con otra persona. Pídele a Dios que te ayude a sanar tu dolor y a hacer el esfuerzo intencional de dejar de pensar todo el tiempo en él. Dios sabe qué es el perdón y puede darte la fortaleza y el deseo de hacerlo. Acude a Él.

Completa tu vestimenta

Hay una tienda de calzado en Dallas, donde puedes comprar toda clase de zapatos divertidos y exclusivos por muy bajos precios. Lo que más me gusta de ir allí es que los dueños son cristianos y se escucha música cristiana por toda la tienda. (Definitivamente es hermoso comprar zapatos mientras se escucha a Michael W. Smith o Casting Crowns). Con el aliento de mis hijas, me decidí a innovar un poco y me compré algunos pares de zapatos de tacón un tanto brillantes. Ellas insistían en que un par de zapatos de tacón aguja y piel de animal, sin duda, "complementan cualquier vestimenta". Y la verdad es que cada vez que me pongo una falda y blusa negra, esos zapatos son un gran complemento. Verdaderamente, los zapatos indicados completan la vestimenta. La desventaja es que esos zapatos no son exactamente los más cómodos.

Tal vez hayas escuchado la frase que dice: "La belleza causa dolor". Esforzarse en lucir bien no siempre es fácil. Esforzarse en amar tampoco es siempre fácil. Pablo nos dijo que la manera de lograr una armonía en toda la vestimenta es por medio del amor. Es así como lo expresa:

Colosenses 3:14 (ntv)

Sobre todo, vístanse de amor, lo cual nos une a todos en perfecta armonía.

Así como el par de zapatos perfecto logra una armonía en toda la vestimenta, del mismo modo el amor logra una armonía con el resto de las cualidades. En su primera carta a los corintios, Pablo dio la descripción del "verdadero amor": "El amor es sufrido, es benigno; el amor no tiene envidia, el amor no es jactancioso, no se envanece; no hace nada indebido, no busca lo suyo, no se irrita, no guarda rencor; no se goza de la injusticia, mas se goza de la verdad. Todo lo sufre, todo lo cree, todo lo espera, todo lo soporta. El amor nunca deja de ser".[4] Así se ve *mi* amor por otros, ¿y el tuyo? Bueno, tal vez no tanto. Es como que me quedo corta cuando dijo: "El amor es sufrido, es benigno"… y simplemente me salto la parte que dice "no se irrita". No hace falta decir que amar a otros va más allá de enviar una tarjeta a alguien por el día del amor y la amistad.

Observa que las cualidades en la descripción del amor son cualidades de las que ya hemos hablado. El amor es morir a sí mismo, entregarse a alguien, pensar en otros antes que en nosotros mismos. No es orgulloso (humildad). No es rudo (amable); persevera (soporta a otros). ¿Puedes ver cómo el verdadero amor complementa todas las otras prendas de vestir? Debemos aprender a caminar en amor; no en nuestra propia fuerza y nuestro propio poder, sino en el de Dios. Cuando leo la definición del amor que dio Pablo, veo una figura del perfecto amor de Dios por nosotras. Él es paciente y amable, y no se irrita con nosotras. Tal vez por eso Pablo comenzó este pasaje recordándonos que somos muy amadas. Cuando reconocemos cuánto nos ama nuestro Padre, caminamos en seguridad y perdón. Saber que somos muy amadas nos da el poder para amar.

La Biblia nos recuerda que Dios es amor. Podemos ir a Él y pedirle que nos ayude a amar sinceramente a otros. Puede que no siempre tengamos sentimientos acogedores. Puede que a veces necesitemos morir a nuestras propias exigencias. Pero el amor es lo que realmente logra la armonía perfecta de la vestimenta. ¿Decidirás caminar en amor, aunque no sea fácil?

Padre, derrama tu poderoso amor a través de nuestra vida y toca a las personas que me rodean. Permíteme ser un vaso para mostrar a este mundo cómo es tu amor. Haz brillar tu luz a través de mí y más allá de mí. Toca la vida de otros con el amor que muestras a través de mí. En el nombre de Jesús.

¿Quién es el referí de tu corazón?

Mientras escribo este libro, se está llevando a cabo el Campeonato Mundial de Fútbol en Sudáfrica. Es asombroso ver a esos equipos de prestigio mundial que se unen en el campo y juegan con semejante agilidad y acción. Es genial ver los partidos y vitorear a tu país, pero ¿puedes imaginarte cómo sería mirar los partidos de fútbol si no hubiera referís que guardaran el orden del juego? Sería un caos. No serían los partidos del Campeonato Mundial, sino los partidos de la Guerra Mundial. Los referís son de vital importancia para los partidos, porque mantienen el orden, sancionan los penales y aseguran la precisión del resultado.

Pablo nos recuerda que necesitamos un referí para nuestro corazón también. Temores, preocupaciones, decepciones, desalientos, enojo y frustraciones causan confusión en nuestro corazón. Necesitamos la paz que solo Cristo puede dar para gobernar nuestro corazón. Pablo usó un término que literalmente significa referí o árbitro, cuando escribió:

Colosenses 3:15-16 (nvi)

Que gobierne en sus corazones la paz de Cristo, a la cual fueron llamados en un solo cuerpo. Y sean agradecidos. Que habite en ustedes la palabra de Cristo con toda su riqueza: instrúyanse y aconséjense unos a otros con toda sabiduría; canten salmos, himnos y canciones espirituales a Dios, con gratitud de corazón.

Cuando te va mal en el día y te sientes agobiada en el trabajo, deja que la paz de Cristo sea el referí de tu corazón. Cuando una amiga te lastima o tu esposo no está de acuerdo contigo, deja que la paz de Cristo sea el árbitro de tu corazón. Cuando te confirmen el diagnóstico de cáncer, o tu hijo esté en rebeldía o a tu esposo lo hayan despedido, deja que la paz, que solo Cristo puede dar, gobierne tu corazón. ¿Cómo le permitimos a Él ser el referí? Empezamos al sacar nuestros ojos de la situación y ponerlos en el Señor. Cuando confiamos en el Señor y le abrimos nuestro corazón a Él, podemos alabarlo por su soberanía y porque mantiene unidas todas las cosas. Podemos dar gracias a Dios por su amor, y pedirle su ayuda, su consuelo y su guía. Le entregamos la situación a Él y le entregamos nuestras preocupaciones y ansiedades.

Así como en un partido de fútbol debemos aceptar las decisiones y el liderazgo del referí, también debemos renunciar a nuestro deseo de controlar el resultado. Cuando reconocemos que estamos en buenas manos y que podemos confiar en el cuidado de Dios, experimentamos paz. Esta paz nos lleva a estar en paz con otros también. La paz dentro del cuerpo de Cristo comienza con la paz en nuestro corazón. Pablo dijo que somos llamados a estar en paz, y desde luego, el cuerpo de Cristo es llamado a estar en paz unos con otros. Observa que Pablo agrega la frase "y sean agradecidos". Cuando estamos agradecidos a Dios, reconocemos su mano de bondad y experimentamos una paz más profunda. (A medida que avanzamos, quiero que veas cuántas veces Pablo menciona ser agradecidos).

Cuanto más conozco la Palabra de Dios, más paz y alivio tengo porque Él está en control. Cuanto más memorizo la Palabra de Dios, más seguridad de su presencia tengo a lo largo del día. Cuanto más medito en la Palabra de Dios, más pienso en Él y pongo mi mente y mi corazón en las cosas de arriba. Pablo aconsejó a los colosenses que la palabra de Cristo habitara en ellos con toda su riqueza. Observa cómo hablaba de la paz de Cristo y ahora habla de la palabra de Cristo. Cristo es todo en todos. La palabra de Cristo, la Biblia, debería habitar en nuestro corazón, nuestra mente y nuestras vidas. Pablo dice que deberíamos vivir *con toda su riqueza*, como un huésped de honor. Lo opuesto sería permitir que la Palabra de Dios habite en nuestra vida de manera pobre y miserable. Lamentablemente, este parece ser el triste estado de muchos cristianos.

¿Cuán bien conoces la palabra de Cristo? Debemos conocer la Biblia y estudiarla por nuestra cuenta para saber la verdad de quién es Dios y cómo quiere que vivamos. Necesitamos conocer la verdad si alguien hace una afirmación sobre Cristo o, al menos, saber cómo encontrarla. Si todavía no la conoces, quiero animarte a que te propongas seriamente conocer lo que la Biblia dice. Puede que quieras asistir a un estudio bíblico de tu iglesia o comiences uno en tu lugar de trabajo. Memorizar la Palabra de Dios también es una manera de dejar que la palabra de Cristo habite en ti en toda su riqueza.

Nuestra confianza en Dios crece cuando leemos sobre la creación, o cómo Dios sacó a los israelitas de Egipto y los llevó a la tierra prometida. Aprendemos a confiar en su poder cuando estudiamos cómo Jesús calmó la tempestad, o cómo libró a Daniel del foso de los leones, o cómo levantó a Lázaro de la muerte. Reconocemos que Dios puede hacer cualquier cosa cuando vemos que alimentó a cinco mil con cinco panes y dos peces, y recordamos que puede tomar lo poco que tenemos para ofrecerle y hacer grandes cosas. Adquirimos sabiduría y deseamos justicia como resultado de dejar que la palabra de Cristo habite en nuestra vida en toda su riqueza. ¡Seamos ricas en lo que se refiere al conocimiento de su Palabra!

Una de las maneras de permitir que su Palabra habite en nuestra vida es a través de la música. Ahora bien, como di a entender anteriormente, me encanta la música cristiana. Alimenta mi alma con la buena verdad de la Palabra de Dios y siempre me acerca a Él. Recuerdo una ocasión en particular en la que debía hablar en una gran conferencia con otras mujeres, que son oradoras increíblemente brillantes. Estaba inquieta, porque habían vuelto a aparecer en mi mente antiguos temores. La mañana de la conferencia, cuando salí del hotel y entré a mi auto, encendí la radio. Se escuchaba una canción, "The Voice of Truth" [La voz de la verdad], por Casting Crowns. La canción habla de enfrentar tus temores y tener fe para salir de la barca, como Pedro, y de la fe para enfrentar a los gigantes, como David. ¡Necesitaba escuchar esa canción en ese preciso momento y en ese preciso lugar! Me ministró a través de las verdades de la Palabra de Dios, y recibí seguridad para seguir adelante; o sea, seguridad en Dios.

Presta atención a algunos himnos antiguos, que están llenos de las riquezas de su verdad. Algunas iglesias ya no cantan estos himnos o puede que canten versiones actualizadas de estos. Hace un par de años, me compré un himnario en una librería cristiana y, de vez en cuando, disfruto mientras renuevo mi corazón con algunas de las canciones que cantaba de niña. La música alimenta el espíritu. Nutre tu espíritu con canciones e himnos y cánticos espirituales. Oh, ¿y notaste que Pablo dice que cantemos salmos, himnos y canciones espirituales a Dios, con gratitud de corazón? ¡Pablo no puede dejar de ser agradecido!

Honra el apellido

¿Creciste en una ciudad pequeña? Siempre me pregunto cómo hubiera sido, puesto que yo siempre viví en grandes ciudades, como Akron, Detroit y Dallas. Sé que uno de los puntos negativos de vivir en una ciudad pequeña es que todos conocen tu nombre. Conocen tu apellido. No quisiera estar en tu lugar si deshonraras el nombre de tu familia. Puedo imaginar a tu padre y sus palabras cuando sales de tu casa para ir a encontrarte con tus amigas: "Recuerda a qué familia perteneces". Un nombre es importante, y deshonrarlo trae vergüenza a toda la familia.

Como seguidoras de Cristo, tenemos un nombre nuevo. Llevamos el nombre de Cristo. Debemos honrar su nombre en lo que decimos y hacemos. Pablo escribió:

COLOSENSES 3:17 (NVI)

Y todo lo que hagan, de palabra o de obra, háganlo en el nombre del Señor Jesús, dando gracias a Dios el Padre por medio de él.

Nuestras palabras y acciones deben ser consecuentes con el nombre que llevamos. Si decimos que somos cristianas, pero chismeamos y destruimos a otra persona, no estamos reflejando la imagen de Cristo. Si decimos que somos hijas de Dios, pero hablamos con odio a nuestro prójimo, no estamos dando honor a su nombre. Si llevamos el nombre de Cristo, entonces debemos actuar con integridad y vivir una vida que le agrade a Él. Hacer todo en el nombre de Cristo podría ser actuar un poco diferente o hablar un poco diferente a aquellos que no lo conocen.

Hace poco quería ilustrar este punto en un estudio bíblico para mujeres que trabajan. Así que fui a una tienda de artículos usados y encontré una camisa con un logo. Obviamente, la había usado un empleado o representante de ventas de un grupo de telecomunicaciones. Me la puse y les dije a las mujeres que si fuera una empleada de esa compañía, con esa camisa, se esperaría que hiciera honor a la firma. Necesitaría vigilar lo que dijera e hiciera, porque como representante de la compañía, querría defender su buen nombre. Del mismo modo, quiero vivir de un modo que honre a Cristo en todo lo que digo y hago.

Si nos vestimos con bondad, compasión, humildad, amabilidad y paciencia, y completamos la vestimenta con amor, entonces es más que seguro que honraremos a Cristo. Si la paz de Dios es el referí de nuestro corazón, demostraremos la fortaleza de Cristo en nuestra vida. Si la Palabra de Dios habita en nuestra vida con toda su riqueza, nuestras palabras estarán llenas de su verdad. Que los demás vean a Jesús en todo lo que haces y dices. Y a propósito, ¿leíste la última frase de Pablo? "Dando gracias a Dios el Padre". ¡Parece que este hombre nunca deja de dar gracias! ¡Tal vez nosotras tampoco deberíamos dejar de hacerlo!

Pasos para vivir segura

Lectura adicional: Proverbios 31. La descripción de una mujer bonita.

La batalla por la verdad:

Destructor de tu seguridad: *No soy bonita. Nadie repara en mí.*

Forjador de tu seguridad: Nuestra verdadera belleza y seguridad viene de vivir honrando a Cristo y de permitir que su amor toque a otros brillando en todo su esplendor.

Opciones:

- Vístete con las bonitas prendas de las hermosas cualidades que Cristo te ha dado.

- Relaciónate con los demás con compasión y amabilidad.
- Vive con un corazón humilde.
- Tolérense unos a otros. Perdona como el Señor te perdonó.
- Revístete de amor para completar tu vestimenta.
- Deja que la paz de Cristo sea el referí de tu corazón.
- Medita, memoriza y estudia la Palabra de Dios.
- Nunca dejes de dar gracias.
- En todo lo que hagas, de palabra o de obra, hazlo en el hombre del Señor Jesús y hónralo.

PLAN DELIBERADO: Las riquezas de la Palabra de Dios.

Dedica un pequeño tiempo cada día a la lectura personal de la Biblia. Yo uso *La Biblia en un año*, que tiene una lectura del Antiguo Testamento, del Nuevo Testamento, de los Salmos y de los Proverbios para cada día. De este modo, a fin de año he leído toda la Biblia. Puedes comprarla por la Internet y en la mayoría de las librerías cristianas. A menudo, los domingos a la tarde, tomo un tiempo a solas para meditar en ciertos pasajes. No me limito tan solo a leer, sino que me concentro en lo que Dios está diciendo en su Palabra y también pienso en lo que Él me está diciendo específicamente a mí a través de ella. Proponte crecer en las riquezas de la Palabra de Dios.

Parte cinco

Fortalece tus relaciones

El amor debe ser sincero. Aborrezcan el mal; aférrense al bien. Ámense los unos a los otros con amor fraternal, respetándose y honrándose mutuamente.

Romanos 12:9-10 (nvi)

El cariño, la bondad y la amistad son los bienes más anhelados en este mundo. La persona que puede brindarlos nunca estará sola.

Ann Landers

Capítulo nueve

Cómo convivir con las personas más cercanas

Sométanse unos a otros, por reverencia a Cristo.
Efesios 5:21 (nvi)

La verdadera prueba de tu cristianismo no es cuán piadoso te ves en la Santa Cena el domingo, sino cómo te comportas en la mesa del desayuno de tu hogar.
Vance Havner

Imagina por un momento que eres una periodista de noticias en el frente de una zona de guerra. Tu trabajo es entrevistar a algunos de los oficiales para averiguar cómo están marchando las cosas en la guerra y conocer el espíritu de los hombres y las mujeres del ejército. Encuentras un teniente y lo llevas aparte para una entrevista. Comienzas con las preguntas típicas: "¿De dónde es?", "¿Cuánto tiempo hace que está en el ejército?", "¿Tiene familia en casa?". Luego decides buscar información sobre su superior, entonces le preguntas: "¿Qué opina del capitán de esta unidad?". No puedes creer la respuesta. De hecho, la respuesta del teniente hace que quieras salir de esa zona de guerra lo antes posible y huir a un lugar seguro.

¿Acaso dijo que el capitán era un informante enemigo o un tirano terrible? No, simplemente dijo: "Me gusta el capitán. Solo que no estoy de acuerdo con todo lo que dice. Él tiene una manera diferente de hacer las cosas, y sinceramente yo podría dirigir esta unidad mucho mejor que él. En realidad, y esto es confidencial, prefiero hacer lo que a mí me parece e ignorar sus órdenes".

Cuando te recuperas de tu confusión, le preguntas: "Está bien, entiendo el hecho de que no esté exactamente de acuerdo con el capitán, pero ¿no debería seguir la cadena de mando? ¿Usted obedece sus órdenes en el frente de batalla?". Y el teniente responde: "¿Está bromeando? ¿Por qué habría de seguirlas? Cuando estoy en el frente de batalla, hago lo que quiero. Soy un hombre inteligente y sé cómo manejar las cosas aquí".

Ahora tú estás preocupada y muy intrigada por la seguridad de todos los que están en el frente. Le preguntas: "¿Esto no causa problemas en el campo de batalla con los hombres y las mujeres que están bajo sus órdenes?". El teniente responde: "Sí, es un poco confuso. Como yo no obedezco las órdenes del capitán, las tropas que están bajo mis órdenes no saben a quién obedecer; así que sí, es un poco confuso y caótico allí. Pero en realidad, no es mi culpa. El general no debería haber puesto al capitán en esa posición. Yo haría un mejor trabajo como capitán de esta unidad". Ahora tú empiezas a alejarte poco a poco, porque no puedes ni siquiera imaginar cómo hizo este hombre para sobrevivir a las batallas hasta ese momento, y sabes a ciencia cierta que no quieres estar cerca en la próxima batalla. A manera de despedida, le preguntas: "Entonces, ¿qué piensa del general?".

El teniente responde: "Me gusta el general. No me gusta el hecho de que quiera que me someta al capitán, pero, aparte de eso, realmente me gusta el general".

Es probable que esta sea la historia de guerra más inverosímil que alguna vez hayas escuchado, ¿verdad? De alguna manera, ese teniente no entendía nada sobre la cadena de mando y el orden militar. El orden es vital para que el ejército marche bien, productivamente y sin percances. Doy gracias de que la historia no refleja la realidad de nuestras fuerzas armadas. Doy gracias también de que nuestro Dios es un Dios de orden. Vemos el beneficio de su designio de que haya orden en cada área de la vida: en las corporaciones, en el sistema escolar, en el gobierno de la ciudad, en el sistema judicial y en la vida del hogar. Si no hay un plan de liderazgo en una comunidad, al final, harán erupción el desorden y el caos.

Reglas para el orden

Si has sido parte de un club o una organización, o has conformado una junta directiva, tal vez conozcas el libro *Reglas de orden, revisadas, de Robert*. Publicado por primera vez en 1876, se ha aceptado durante generaciones como el conjunto de lineamientos para dirigir correctamente una asamblea. Proporciona el protocolo adecuado para todo, desde cómo votar una idea propuesta hasta cómo aplazar una asamblea. He estado en varias reuniones donde consultamos este libro para asegurarnos de mantener el orden y brindar una estructura para el futuro de la organización. En resumen, las reglas del orden nos ayudan a dirigir una asamblea sin complicaciones y sabiamente. Es en el beneficio de todos los que participan.

En su carta a los colosenses, Pablo proveyó las "reglas del orden" para ayudar a la familia a interrelacionarse sin complicaciones. Él creía que los hombres y las mujeres, esclavos o libres, todos eran uno en Cristo; de ahí que escribió a los gálatas: "Ya no hay judío ni griego, esclavo ni libre, hombre ni mujer, sino que todos ustedes son uno solo en Cristo Jesús".[1] Esta era una declaración audaz para la cultura de ese entonces, que consideraba de bajo estatus social a los esclavos y a las mujeres, y que hacía una división cruel entre griegos y judíos. Sin embargo, Pablo exaltó a los que normalmente eran oprimidos y proclamó una nueva libertad en Cristo. Algunos comentadores bíblicos creen que debido a esta nueva libertad, también hubo un nuevo caos y mal uso del poder. Era necesario establecer un orden, por eso Pablo dio varios lineamientos. Primero en el contexto de la familia:

Colosenses 3:18-21 (nvi)

Esposas, sométanse a sus esposos, como conviene en el Señor. Esposos, amen a sus esposas y no sean duros con ellas. Hijos, obedezcan a sus padres en todo, porque esto agrada al Señor. Padres, no exasperen a sus hijos, no sea que se desanimen.

Pablo estableció un sistema de autoridad para un hogar armónico, que muestra la belleza y vigencia del orden. No alentó un sistema rígido o tiránico, sino más bien uno que promueve la responsabilidad y el amor mutuo entre los miembros de la familia. En su libro *Paul for Everyone* [Pablo para todos], el autor N. T. Wright habla de estos lineamientos:

> Lo que Pablo ofrece en este pasaje es un muy breve código de comportamiento para las relaciones en el hogar. Es evidente por varias razones. Tal vez la primera sea que no se limita a decir a esposas, hijos y esclavos cómo comportarse (como muchos paganos moralistas de su época hubieran hecho). Sus responsabilidades

> estaban equilibradas por las correspondientes responsabilidades de esposos, padres y amos.[2]

Puede que algunas mujeres que lean esto se nieguen rotundamente a aceptar la sola idea de la palabra "someterse", porque la ven como un indicador de cierto tipo de servilismo; pero este no es en absoluto su significado. De manera literal, se traduce "someterse uno mismo" e implica ponerse voluntariamente debajo de alguien o de algo. Como un término militar, significa "alinearse militarmente bajo el comando de un líder". A mí me encanta la instrucción que Dios nos ha dado de ponernos voluntariamente bajo el liderazgo de nuestro esposo. Dios se ha encargado de darnos una cobertura, un líder que a su vez debe responder a Él. Del mismo modo, Dios le da al esposo la responsabilidad mutua de amar a su esposa y no ser duro con ella.

Hay varios tipos diferentes de amor descritos en la Biblia, pero el amor que el esposo debe tener por su esposa es el amor *ágape*. Es la forma más sublime de amor, un amor abnegado, como el amor sacrificial de Cristo por su iglesia. Un esposo no debe gobernar como un dictador ni subyugar a su esposa. Obviamente, si ama a su esposa con un amor *ágape* abnegado, ella se colocará voluntariamente bajo su autoridad. John Phillips escribe lo siguiente: "El hombre sensible escuchará a su esposa, respetará sus puntos de vista y pensará en el mejor beneficio de ella cuando tome decisiones concernientes al hogar. Sin embargo, Dios lo hace responsable de ejercer su autoridad, y la mujer es responsable de someterse a esta".[3] Pablo agrega que el esposo no debería ser duro con su esposa, especialmente como líder del hogar. "No ser duro" en realidad significa "no amargarse o resentirse airadamente". Una raíz de amargura puede destruir una familia, por eso Pablo les pide que abandonaran la amargura.

Ten en cuenta que Pablo se dirige a esposos y esposas en una familia. No les dice a las mujeres que se sometan a todos los hombres, ni siquiera a otros hombres cristianos. Estos lineamientos nos llegan en el contexto de la familia. No dice que estamos supeditadas a los hombres o que se nos considere inferiores a ellos. Simplemente nos está dando principios de orden, para orientarnos en el hogar. La sujeción no significa, en absoluto, que no puedes dar tu opinión. De hecho, es importante que las parejas se apoyen mutuamente a fin de que cada uno pueda con respeto dar su opinión uno del otro y sin discutir. Es importante ver que el rol de cada uno es edificarse uno al otro.

Preguntas válidas

Se nos pueden ocurrir todo tipo de preguntas y excepciones concernientes al área de la sujeción.

- ¿Debería someterme a mi esposo si no me muestra un tipo de amor *ágape*?
- ¿Qué tal si es abusivo?
- ¿Qué tal si quiere que haga algo ilegal o inmoral?
- ¿Qué tal si no es abusivo, pero es obsesivo del control?
- ¿Qué tal si es un insensato?
- ¿Qué tal si no es cristiano?

Primero respondamos la pregunta del esposo que no hace su parte. Luego veremos algunas de las excepciones. Pablo no escribió estos lineamientos con una clausula condicional. No dijo: "Esposos, amen a sus esposas solo si ellas se someten a la autoridad de ustedes". Él dijo lo que cada miembro de la familia debe hacer y a la vez promovió el equilibrio del respeto entre ellos. Finalmente, todo cristiano, hombre o mujer, hijo o padre, esclavo o libre debe someterse a la autoridad de Cristo. De ahí que Pablo dijo a los efesios que se sometieran unos a otros por reverencia a Cristo. Cuando una esposa respeta la autoridad de su esposo, casi siempre el esposo responde en amor. Del mismo modo, si el esposo dirige el hogar con abnegación y amor, es muy probable que su esposa lo respete. Es un hermoso equilibrio que da resultado. En definitiva, deberíamos hacer nuestra parte, aunque sintamos que nuestro esposo no está cumpliendo la suya. Pero sigue leyendo.

Vamos a analizar brevemente algunas situaciones que podrían presentar un problema en este punto, con respecto al tema de la sujeción. Ten en cuenta que, si bien hay excepciones a la regla, no significa que la regla en sí sea imperfecta. Las personas son imperfectas. Vivimos en un mundo lleno de pecado. La perfección llegará en el cielo, pero aquí debemos tratar con hábitos antiguos y patrones de pecado que afectan nuestras relaciones. Hay varias excepciones que debemos considerar. Por ejemplo, si tu esposo abusa físicamente de ti, no te sometas a su abuso.

Sal de ahí y busca ayuda. De igual modo, hay formas de abuso psicológico, emocional o incluso espiritual, que debo mencionar también. Por favor, busca el consejo bíblico o espiritual si sospechas que estás viviendo en este tipo de situación de abuso.[4]

Si tu esposo te pide que hagas algo ilegal (engañar en la declaración de ingresos, robar de una compañía, asaltar un banco, etc.) o inmoral (relación abierta, adulterio, pornografía, abuso infantil, etc.), entonces no te sometas a él. Recuerda que tu máxima autoridad es Dios. Si tu esposo te pide que hagas algo contra la autoridad de Dios, debes obedecer a Dios y no al hombre.

"¿Qué tal si mi esposo no es cristiano, debo entonces someterme a su autoridad?". Déjame responder esa pregunta con otro pasaje de las Escrituras. Este es de Pedro, que aprendió a someter su gran voluntad fuerte y firme a Cristo. Lee lo que dice sobre el tema de la sujeción. Aquí habla tanto a los hombres como a las mujeres:

1 Pedro 2:13-17, 21-25 (nvi)

Sométanse por causa del Señor a toda autoridad humana, ya sea al rey como suprema autoridad, o a los gobernadores que él envía para castigar a los que hacen el mal y reconocer a los que hacen el bien. Porque ésta es la voluntad de Dios: que, practicando el bien, hagan callar la ignorancia de los insensatos. Eso es actuar como personas libres que no se valen de su libertad para disimular la maldad, sino que viven como siervos de Dios. Den a todos el debido respeto: amen a los hermanos, teman a Dios, respeten al rey… Para esto fueron llamados, porque Cristo sufrió por ustedes, dándoles ejemplo para que sigan sus pasos. "Él no cometió ningún pecado, ni hubo engaño en su boca". Cuando proferían insultos contra él, no replicaba con insultos; cuando padecía, no amenazaba, sino que se entregaba a aquel que juzga con justicia. Él mismo, en su cuerpo, llevó al madero nuestros pecados, para que muramos al pecado y vivamos para la justicia. Por sus heridas ustedes han sido sanados. Antes eran ustedes como ovejas descarriadas, pero ahora han vuelto al Pastor que cuida de sus vidas.

Observa que Pedro usa el ejemplo de Cristo como una figura de la belleza de la sujeción. Ahora, veamos lo que dice específicamente a las esposas, especialmente a las que tienen maridos incrédulos.

1 Pedro 3:1-6 (NVI)

Así mismo, esposas, sométanse a sus esposos, de modo que si algunos de ellos no creen en la palabra, puedan ser ganados más por el comportamiento de ustedes que por sus palabras, al observar su conducta íntegra y respetuosa. Que la belleza de ustedes no sea la externa, que consiste en adornos tales como peinados ostentosos, joyas de oro y vestidos lujosos. Que su belleza sea más bien la incorruptible, la que procede de lo íntimo del corazón y consiste en un espíritu suave y apacible. Ésta sí que tiene mucho valor delante de Dios. Así se adornaban en tiempos antiguos las santas mujeres que esperaban en Dios, cada una sumisa a su esposo. Tal es el caso de Sara, que obedecía a Abraham y lo llamaba su señor. Ustedes son hijas de ella si hacen el bien y viven sin ningún temor.

Muchos hombres han sido atraídos a Cristo mediante la actitud amorosa, amable y sumisa de su esposa. Hay otro consejo de Pedro que quiero remarcar. ¿Captaste su consejo de belleza para nosotras? Él dijo que la belleza que perdura no proviene de cosas externas, como el maquillaje, el cabello, la ropa y el cuerpo perfecto, sino de una fuente diferente. La belleza segura e incorruptible proviene de un espíritu suave y apacible, que es de gran estima delante de Dios. Las mujeres del Antiguo Testamento que esperaban en Dios tenían esta clase de belleza. Nosotras también podemos experimentar una belleza superior cuando ponemos nuestra esperanza en Dios. Esta se evidencia en un espíritu suave y apacible. No una mujer débil ni desafiante, sino una mujer de fortaleza y dignidad, que encuentra su seguridad en el Señor. Necesitamos una gran fortaleza y un espíritu suave y apacible para acercarnos a otros; y si la paz de Dios es el referí de nuestro corazón, podemos caminar seguras.

Los hijos, la obediencia y el ánimo

Ser padres no es tarea fácil. Requiere sabiduría, paciencia y responsabilidad por parte de los padres con el objetivo final de educar a sus hijos a honrar a Dios con sus vidas. Una vez más, Pablo está dando principios para el orden en el hogar. ¿Cuántas de nosotras hemos visto esas familias donde los hijos parecen tener la última palabra? Lo que quieren, reciben. Respetar a otros y obedecer las reglas se ha reemplazado por la costumbre de culpar a otros y la falta de responsabilidad. En su libro titulado

No es culpa mía, los doctores Henry Cloud y John Townsend explican la importancia de enseñar a los hijos a ser responsables de sus acciones.

> Aunque parece una excusa común, que no hace daño —"¡No es culpa mía!"—, a menudo es una trampa peligrosa, porque las personas no reconocen qué provoca en ellos la mentalidad de culpar a los demás. No solo les impide sobreponerse a los efectos de todo lo que no pueden controlar —como otras personas, las circunstancias y la genética—, sino que los aleja de una solución. Y cuando no se hacen cargo de su vida, terminan por perder la única oportunidad de cumplir sus sueños y disfrutar lo mejor de Dios.[5]

La obediencia es algo hermoso. Debemos enseñar a nuestros hijos desde niños a hacerse cargo de sus acciones. Debemos enseñarles de manera intencional y con amor a obedecer a Dios, la autoridad y las reglas de la casa. Hasta Jesús se sometió a la autoridad de sus padres. Puede que recuerdes la historia que se encuentra en el libro de Lucas. A los doce años, Jesús fue a Jerusalén con sus padres para la Pascua, pero cuando llegó el tiempo de regresar, se quedó con los líderes judíos. Sus padres no se dieron cuenta de que no estaba con ellos, porque pensaban que estaba con otros miembros de la familia. Cuando finalmente lo encontraron en el templo, él les preguntó: "¿No sabían que tengo que estar en la casa de mi Padre?". Las Escrituras siguen diciendo: "Y descendió con ellos, y volvió a Nazaret, y estaba sujeto a ellos. Y su madre guardaba todas estas cosas en su corazón. Y Jesús crecía en sabiduría y en estatura, y en gracia para con Dios y los hombres".[6]

Jesús, el Hijo de Dios, fue obediente a sus padres. ¿No es maravilloso pensar en eso? Una vez más, Cristo nos da un ejemplo. Fíjate que Él crecía en sabiduría, en estatura y en gracia para con Dios y los hombres. Me pregunto si esas cualidades surgieron de un corazón obediente. La obediencia a Dios y la sabiduría van de la mano, dado que el temor del Señor es el principio de la sabiduría. Debemos buscar sabiamente la dirección de Cristo para enseñar a nuestros hijos a obedecer las reglas del hogar y, más importante aún, obedecer las reglas de Dios.

Así como Pablo establece un equilibrio para cada lineamiento en Colosenses, también vemos la responsabilidad de los padres. Aunque aquí se dirige a los padres, las madres también podemos atender esta advertencia. Procuremos no exasperar a nuestros hijos o irritarlos con instrucciones y reglas ridículas. Personalmente, veo a muchos padres que establecen reglas y que actúan por temor. En su libro *Crianza llena de gracia*, Tim Kimmel dice: "Por lo general, los cristianos creen que la batalla por el corazón y el alma de un niño se libra externamente —con reglas y límites estrictos— cuando, de hecho, es justamente lo contrario".[7] Él anima a las familias a expresar el amor incondicional que Cristo ofrece y manifestar la gracia de Dios en el hogar.

Muchas veces los hijos se rebelan, porque su corazón se ha llenado de amargura y desánimo debido a la exageración en la disciplina y las reglas. No se sienten amados, se sienten dominados. Sienten que sus padres no los ven por quiénes son realmente y qué pueden hacer, sino que solo ven lo que *no pueden* hacer. Cuando pienso cómo nos trata Dios, veo que Él mira nuestro corazón y nos disciplina en amor. La disciplina y las reglas sabias muestran que amamos a nuestros hijos; las reglas innecesarias muestran que tenemos temor. Un libro que me parece realmente bueno en cuanto a la disciplina y por qué se rebelan los hijos se titula *Crianza llena de gracia* de Tim Kimmel.

La contraparte de desanimar a tus hijos es animarlos, fortalecerlos a través de tus palabras y apoyarlos, para que sean quienes Dios quiere que sean. Salomón dijo: "Instruye al niño en su camino, y aun cuando fuere viejo no se apartará de él".[8] En un sentido más amplio, hay dos caminos que tomar, el camino de la sabiduría y la obediencia o el camino de la mala predisposición y la insensatez. Debemos guiar a nuestros hijos a ir por el camino de la sabiduría, la obediencia y la justicia. La expresión "instruye al niño en su camino" podría traducirse "conforme a su camino". En este caso, podemos entender la importancia de reconocer los dones, los talentos y las habilidades de cada uno de nuestros hijos y encaminarlos en esa dirección.

Es nuestro deber como padres animarlos en lugar de desanimarlos. Animarlos a la obediencia, la sabiduría, la justicia, así como en sus dones, talentos y habilidades. La disciplina tierna y sabia junto con una autoridad piadosa será de gran aliento para el corazón de nuestros hijos. No debemos desanimarlos ni irritarlos con una disciplina severa o cruel, mucho menos con reglas irracionales. Ora y busca la sabiduría de Dios día a día para educar a tus hijos. (Te invito a visitar mi sitio de la Internet creado especialmente para las madres, www.PositiveMom.com, para recibir más consejos e ideas útiles para la crianza de los hijos. Recurso en inglés).

El gozo de trabajar

W. Clement Stone dijo: "Hay muy poca diferencia entre las personas. Pero esa pequeña diferencia produce una gran diferencia. La pequeña diferencia es la actitud. La gran diferencia es si es positiva o negativa".[9] ¿Cuál es tu actitud hacia el trabajo? A menudo pensamos en este, en el contexto del trabajo pesado y dificultoso, pero Pablo animó a los cristianos a ver el trabajo con una actitud diferente. Dijo: "Hagan lo que hagan, trabajen de buena gana, como para el Señor y no como para nadie en este mundo". Cuando vemos nuestro trabajo desde esa perspectiva, nuestra actitud se vuelve más positiva.

Al leer el pasaje siguiente, por favor, entiende que Pablo no está justificando la esclavitud. Necesitamos comprender el contexto de la época. Lamentablemente, la mayor parte de la fuerza laboral de todo el Imperio romano estaba conformada por personas que no tenían derechos sobre sí mismas, sino que eran consideradas una propiedad o esclavos. En ese momento, Pablo no estaba abordando la preocupación social de la esclavitud, sino dando dirección espiritual y lineamientos prácticos tanto para los amos como para los esclavos en el contexto cultural. Ten en cuenta que Pablo consideraba a los libres y esclavos cristianos como uno en Cristo. La fe en Cristo trasciende todos los estratos de la sociedad.

El mensaje representa para nosotras hoy las obligaciones del empleado y el empleador. Esto es lo que Pablo escribe a ambos:

Colosenses 3:22—4:1 (nvi)

Esclavos, obedezcan en todo a sus amos terrenales, no sólo cuando ellos los estén mirando, como si ustedes quisieran ganarse el favor humano, sino con integridad de corazón y por respeto al Señor. Hagan lo que hagan, trabajen de buena gana, como para el Señor y no como para nadie en este mundo, conscientes de que el Señor los recompensará con la herencia. Ustedes sirven a Cristo el Señor. El que hace el mal pagará por su propia maldad, y en esto no hay favoritismos. Amos, proporcionen a sus esclavos lo que es justo y equitativo, conscientes de que ustedes también tienen un Amo en el cielo.

Will Rogers dijo: "Para poder prosperar, debes saber qué estás haciendo, te tiene que gustar lo que estás haciendo y tienes que creer en lo que estás haciendo".[10] Podemos creer en lo que estamos haciendo y nos puede gustar lo que estamos haciendo cuando reconocemos quién es nuestro verdadero empleador. Cuando trabajamos para Dios, todo es diferente. Primero, sabemos que Dios lo ve todo. Sabemos que al final nuestra recompensa viene de Él. Si trabajamos solo por el sueldo, terminaremos por desanimarnos. Si trabajamos para sobresalir e impresionar a nuestro jefe, estamos actuando, y puede que también seamos culpables de hacer caer a otros. Pero cuando trabajamos para el Señor, lo hacemos con excelencia, porque Él es excelente y porque nos ama. Trabajamos en sus fuerzas al buscar su guía y sabiduría en todo momento.

Los cristianos deberían ser los mejores empleados, dar lo mejor de ellos y trabajar con la mejor actitud. El conductor del programa de televisión Art Linkleter tenía una gran filosofía en lo que respecta al trabajo. Él decía:

> Haz un poco más de lo que te pagan;
> da un poco más de lo que tienes para dar;
> esfuérzate un poco más de lo que quisieras;
> apunta un poco más alto de lo que crees que es posible;
> y dale muchas gracias a Dios por la salud, la familia y los amigos.[11]

Parece que hubiera escuchado las palabras de Pablo a los colosenses, ¿no es cierto? Hay gran gozo y satisfacción en el trabajo arduo y valioso. No detestes tu empleo; en cambio, busca cómo servir a Dios por medio de este. Me viene a la mente el hermano Lorenzo, que trabajaba como uno de los ayudantes de cocina en un monasterio del siglo XVII en Francia. Él veía todo su trabajo como una oportunidad de experimentar la presencia de Dios y alabarlo y glorificarlo. Incluso en el trabajo mundanal de la cocina, encontró gran gozo. (Puedes leer sus escritos en un libro llamado *La práctica de la presencia de Dios*).

Pablo les recuerda a todos que aquellos que hacen mal recibirán el pago por su mala acción y que no hay favoritismos con Dios. Creo que este es un recordatorio para el empleado y asimismo para el empleador. Servimos al Señor Jesucristo, y Él es el Dios que ve todas las cosas. Puede que tratemos de esconder nuestras acciones delante de las personas, pero Dios lo ve todo; no puedes esconderte de Él. Esto no solo hace que seamos sinceras, sino que nos asegura que podemos confiar en la soberanía de Dios si nos han tratado injustamente. Él no muestra favoritismo por estatus social o raza. Podemos confiar en que pagará por el mal que nos han hecho.

Desde luego, Pablo siempre equilibra las responsabilidades, de modo que también habla de la obligación de los empleadores. Los jefes cristianos deben reconocer que dan cuentas a Dios. Deben dar lo que corresponde y es justo para sus empleados. Esto puede abarcar las compensaciones así como la seguridad y las buenas condiciones de trabajo. Piensa en cuán bien marcharía una compañía si tanto el empleado como el empleador siguieran los lineamientos de Pablo. Es probable que no existieran los problemas que plagan nuestros lugares de trabajo hoy día. Considera la historia de Sofía como un recordatorio alegre de a quién servimos.

El verdadero jefe de Sofía

Sofía, la "fregona", como la llamaban, fregaba fielmente los escalones de un gran edificio de la ciudad de Nueva York sobre sus manos y rodillas todos los días. Un día, un compañero en la fe pasó a su lado y le dijo:

—Sofía, entiendo que eres una hija de Dios.

—¡Sí, señor, soy una hija del Rey! —respondió ella con entusiasmo.

—Bueno, y si eres una hija del Rey, ¿no crees que eres una princesa para Dios? —replicó el hombre.

—¡Claro que sí! —dijo Sofía sonriendo con placer.

—Bueno, si Dios es tu Padre, y tú eres una princesa y una hija del Rey, ¿no crees que es indigno que estés aquí, en la ciudad de Nueva York fregando estos escalones sucios?

—No es ninguna humillación. Yo no estoy fregando estos escalones para el señor Brown, mi jefe; ¡sino para Jesucristo, mi Salvador! —respondió Sofía sin inmutarse.[12]

Al parecer, ¡Sofía también conocía el libro de Colosenses! Hay gran gozo en el servicio cuando lo vemos como que estamos sirviendo a nuestro Rey, Aquel que nos ama y dio su vida por nosotras. Sirve segura de ti misma en el lugar que Dios te ha puesto, con los dones que Él te ha dado, en la fortaleza que Él te ha suplido.

Pasos para vivir segura

Lectura adicional: Efesios 5. Lineamientos positivos para un hogar en armonía.

La batalla por la verdad:

Destructor de tu seguridad: *No debería responder ante nadie. Puedo vivir como a mí me gusta.*

Forjador de tu seguridad: La seguridad se fortalece cuando te relacionas tierna y sabiamente con las personas más cercanas y te sometes voluntariamente a Cristo.

Opciones:

- Sométete a la autoridad de Dios.
- Sométete voluntariamente a aquellos que Dios ha colocado en autoridad sobre ti.
- Busca consejo y ayuda si estás en una situación difícil o abusiva.
- Cría a tus hijos en amor y gracia, y anímalos a la obediencia y a la justicia.
- Trabaja de corazón para el Señor, no para los hombres.
- Recuerda que Dios lo ve todo; Él paga por el mal que nos hacen.
- Provee lo que corresponde y es justo para aquellos que trabajan para ti.
- Sirve alegremente al Señor y a otros.

Plan deliberado: Autoevaluación sobre la sujeción.

Toma un tiempo para analizar cuidadosamente tus relaciones familiares y laborales. ¿Hay alguna área que necesites someter, en oración, a la autoridad del Señor? ¿Has estado ignorando o necesitas enfrentar algunos de estos lineamientos? Pídele al Señor que te dé la voluntad y la gracia de vivir como Él te ha llamado a vivir.

Capítulo 10

El arte de la comunicación con Dios y las personas

Aguas profundas son las palabras de la boca del hombre;
y arroyo que rebosa, la fuente de la sabiduría.

Proverbios 18:4

No hay una sola cosa más importante en nuestros esfuerzos
por conseguir un trabajo significativo y relaciones
gratificantes que dominar el arte de la comunicación.

Max DePree

¿Te quedaste tartamuda alguna vez al tratar de encontrar las palabras adecuadas para decir en una situación incómoda? O, tal vez, debería reformular la pregunta: ¿*Cuándo fue la última vez* que te quedaste tartamuda al tratar de encontrar las palabras adecuadas para decir en una situación incómoda? Me refiero a ocasiones como la siguiente: Le preguntas a una mujer para cuándo espera el bebé mientras le tocas la panza, y ella responde: "No estoy embarazada". O estás parada junto a alguien en una galería de arte y comentas: "Esto no es arte; hasta yo podría hacerlo", y esa persona se presenta como el artista.

A veces es mejor mantener la boca cerrada, que agravar la situación. Me gusta lo que dice Dorothy Nevill: "El verdadero arte de la comunicación no es solo decir las palabras adecuadas en el lugar adecuado, sino no decir lo inadecuado en un momento tentador". ¡Me gustaría ser mejor para esto!

Las palabras son poderosas. Selecciónalas sabiamente. El apóstol Santiago escribió sobre el poder de la lengua por medio de todo tipo de analogías. Esto es lo que dice:

> *He aquí nosotros ponemos freno en la boca de los caballos para que nos obedezcan, y dirigimos así todo su cuerpo. Mirad también las naves; aunque tan grandes, y llevadas de impetuosos vientos, son gobernadas con un muy pequeño timón por donde el que las gobierna quiere. Así también la lengua es un miembro pequeño, pero se jacta de grandes cosas. He aquí, ¡cuán grande bosque enciende un pequeño fuego! Y la lengua es un fuego, un mundo de maldad. La lengua está puesta entre nuestros miembros, y contamina todo el cuerpo, e inflama la rueda de la creación, y ella misma es inflamada por el infierno. Porque toda naturaleza de bestias, y de aves, y de serpientes, y de seres del mar, se doma y ha sido domada por la naturaleza humana; pero ningún hombre puede domar la lengua.*[1]

Dichosamente, con la ayuda de Dios podemos usar nuestras palabras para edificar en vez de destruir. Podemos dar fuerza, esperanza y consuelo a otros. Como dijimos antes, nuestras palabras son el desbordamiento de lo que hay en el corazón, de modo que cuando permitimos que Dios cambie y purifique nuestro corazón, nuestras palabras son cada vez más dulces. Parte del proceso de purificación sucede mientras pasamos tiempo a solas con Dios, disfrutamos su presencia y nos acercamos a Él. Cuando hablamos con Dios en oración, comenzamos a ser transformadas en mujeres más amables, determinadas y seguras en nosotras mismas, y en consecuencia, nuestras conversaciones con las personas son más significativas y edificantes.

La conversación más importante

La primera conversación del día es la más importante, y me estoy refiriendo a la conversación de la oración. Hablar con Dios sienta las bases para el resto del día. La oración debería ser una parte tan importante del día, que sintamos que nos morimos sin orar. Es la fortaleza y el alimento diario para nuestra alma. La contemplativa escritora del siglo XVI, Teresa de Ávila, dijo: "Las almas sin oración son como personas cuyo cuerpo o cuyos miembros están paralizados; tienen pies y manos, pero no pueden controlarlos".

Parece que para muchos cristianos la oración es desechada como inconveniente o como un uso ineficiente del tiempo. Una encuesta Gallup realizada en 2010 revela que el 83% de los estadounidenses cree que hay un Dios que responde la oración.[2] Me pregunto cuántas de esas personas oran realmente. Oh sí, pienso que todos creemos en la oración cuando estamos enfrentando una calamidad o dificultad de algún tipo. ¡Definitivamente, estos son buenos momentos para orar! Pero día a día, el trabajo arduo de la oración no está en la agenda de muchas personas. ¿Podría ser que puesto que la oración se hace en secreto hay poca motivación para orar? No recibimos elogios del mundo por el tiempo privado a solas con Dios. No nos pagan por ello, y nadie ve que hemos orado. No nos pegan ninguna estrella al lado de nuestro nombre ni recibimos aplausos de una audiencia.

Pablo creía en la importancia del poder de la oración. No solo era él un guerrero de oración, sino que también instaba a los cristianos a orar fervientemente y buscar a Dios:

Colosenses 4:2-4 (NVI)

Dedíquense a la oración: perseveren en ella con agradecimiento y, al mismo tiempo, intercedan por nosotros a fin de que Dios nos abra las puertas para proclamar la palabra, el misterio de Cristo por el cual estoy preso. Oren para que yo lo anuncie con claridad, como debo hacerlo.

Janet Evans se levantaba a las 4:45 de la mañana seis días a la semana para nadar seis mil metros antes de ir a la escuela. Después de las clases, regresaba a la piscina para seguir con su riguroso entrenamiento. Su devoción rindió frutos, ya que ganó tres medallas de oro en las olimpíadas de 1988. Al final de su carrera, logró marcar siete récords, cinco medallas olímpicas (incluidas cuatro de oro) y cuarenta y cinco títulos nacionales para Estados Unidos. La pasión de Janet por nadar comenzó cuando tenía tres años, pero fue su devoción por nadar que la llevó a obtener sus logros. Una cosa es estar entusiasmada por un deporte; otra cosa es estar consagrada a él.

La devoción requiere compromiso, acción y disciplina. Para un atleta, podría significar levantarse temprano para un entrenamiento matutino y luego volver a entrenar más tarde, en el día. Significa entrenar incluso cuando no tienes ganas. Significa hacer cosas en privado que nadie más ve. Es raro que un atleta tan solo aparezca en la competencia y tenga su más alto desempeño sin haberse consagrado a la ejercitación. Y es raro que el cristiano pueda llevar a cabo la obra de Cristo sin consagrarse a la oración. El escritor y predicador J. C. Ryle dijo: "Nunca, jamás deberíamos olvidarnos que para hacer bien al mundo, nuestro primer deber es orar".[3]

Como líder empresarial, mi papá a menudo dice: "Se requiere mucha preparación poco espectacular para ver resultados espectaculares". Los atletas deben entrenar diligentemente en sus prácticas, para que cuando estén en el campo de juego o en la competencia, tengan la fortaleza y la agilidad para lograr un buen desempeño. De manera similar, cuando una mujer cristiana está consagrada a la oración, comienza a ver los resultados espectaculares en forma de sabiduría, fe y paz que sobrepasa todo entendimiento. Una mujer consagrada a la oración se desmorona raras veces ante una desilusión imprevista; tampoco se desmorona ante la mala noticia inesperada. Una mujer de oración tiene un ancla profunda dentro de su alma, una seguridad que solo Dios puede dar.

Pablo les dijo a los colosenses que se consagraran a la oración. En otras palabras, que se dedicaran a la oración con todo su corazón. "Consagrar" es la palabra griega *proskartereo*, que significa persistir denodadamente o aferrarse y no soltar. Imagínate un perro bulldog aferrado a su hueso favorito. ¡No lo soltará por nada! Tal vez una analogía incluso mejor sería la manera en que me aferro a mi teléfono celular. No iría a ningún lado sin él, ¿y tú? Quizá, de la misma manera, deberíamos aferrarnos tenazmente a la oración. E. M. Bounds fue conocido como un hombre de oración, y generalmente oraba varias horas temprano a la mañana antes de comenzar a trabajar. Él decía: "Orar es lo más importante que podemos hacer, y para hacerlo bien, debe haber quietud, tiempo y reflexión". La quietud y el tiempo parecen ser bienes raros en la cultura acelerada de hoy día. Consagrémonos a estar quietas y saber que Él es Dios.

Devoción a la oración también se refiere a persistencia en la oración. Esto no significa cansar a Dios al pedir, pedir y pedir hasta recibir lo que queremos, sino llevar continuamente nuestras necesidades al Señor. No te rindas. Jesús dijo:

> *"Pidan, y se les dará; busquen, y encontrarán; llamen, y se les abrirá. Porque todo el que pide, recibe; el que busca, encuentra; y al que llama, se le abre". ¿Quién de ustedes, si su hijo le pide pan, le da una*

piedra? ¿O si le pide un pescado, le da una serpiente? Pues si ustedes, aun siendo malos, saben dar cosas buenas a sus hijos, ¡cuánto más su Padre que está en el cielo dará cosas buenas a los que le pidan![4]

¡Qué invitación tan generosa! El Dios de toda la creación nos ha invitado a conversar con Él, darle gracias y entregarle nuestras cargas. No ignoremos la invitación tan gloriosa de encontrarnos con Él cada día en compañerismo y comunión. David declaró: "¡Cuán precioso, oh Dios, es tu gran amor! Todo ser humano halla refugio a la sombra de tus alas. Se sacian de la abundancia de tu casa; les das a beber de tu río de deleites. Porque en ti está la fuente de la vida, y en tu luz podemos ver la luz".[5] ¿No es maravilloso pensar que Él nos invita a su mesa, a saciarnos de la abundancia de su casa y a beber de su río de deleites? ¡Oh, cuán poco pedimos y cuán poco recibimos!

Mantente despierta

¿Por qué me cuesta tanto dormirme cuando tengo algo importante que hacer temprano a la mañana siguiente, pero me quedo dormida tan fácilmente cuando estoy orando? ¿Te identificas conmigo? No te sientas tan mal, los discípulos tenían el mismo problema. Jesús los llevó al huerto de Getsemaní cuando se estaba preparando para ir a la cruz, y les pidió que oraran mientras Él se alejaba para orar solo. "Les dijo: 'Siento en el alma una tristeza de muerte. Quédense aquí, y manténganse despiertos.'…Volvió luego a donde estaban sus discípulos, y los encontró dormidos. Entonces le dijo a Pedro: '…¿No has podido mantenerte despierto ni una hora? Manténganse despiertos, y oren, para que no caigan en tentación. A decir verdad, el espíritu está dispuesto, pero la carne es débil'".[6]

Qué buenas palabras para que hoy prestemos atención: "Manténganse despiertos, y oren, para que no caigan en tentación". Meditar en la Palabra de Dios y orar son dos maneras de ayudarnos a no caer en tentación. Pablo les dijo a los colosenses que se mantuvieran despiertos y que velaran en oración. Las palabras, que en líneas generales significan estar despiertos al orar, implican estar alertas y concentrados. La oración nos ayuda a estar alertas contra las maquinaciones del enemigo, como un vigilante en una torre. ¿Cuál es la mejor forma de estar concentrada durante tu tiempo de oración? A mí, a veces me gusta orar mientras estoy caminando. Es una buena manera de estar concentrada y despierta. También me gusta arrodillarme y orar, que es otra posición que me ayuda a estar concentrada. Definitivamente estoy más alerta a la mañana, por lo tanto, es mi mejor momento para orar, en especial antes que todos se despierten. Busca el momento, el lugar y la posición que a ti te convenga.

Estar despierta y alerta también puede referirse a ser consciente de las necesidades que hay a tu alrededor y orar por ellas. Procura estar pendiente de las oportunidades para orar por o con alguien. Pablo le dijo a los tesalonicenses que oraran sin cesar. No dejes de orar a lo largo del día. Cuando estás tomando un café con una amiga y ella te cuenta que su matrimonio es un desastre, ora con ella. Cuando hablas con un familiar que está tratando de resolver su próximo paso en su carrera, ofrécete a orar con él. Cuando recibes un correo electrónico de una conocida que acaba de recibir un diagnóstico de cáncer, haz un alto y ora por ella. Cuando estás conduciendo sola en tu auto y comienzas a preocuparte por tus hijos, ora por ellos (¡solo que no cierres los ojos!). Cuando ves a alguien que parece estar desanimado o solo, eleva una oración a Dios por él en tu corazón. Ora, ora todo el día.

Cuando eres espectadora de un accidente, nunca lo olvidas. Hace varios años, cuando estaba en Austin, Texas, conducíamos hacia la boda de una amiga cuando, de repente, escuchamos un fuerte estampido y vimos un auto que daba vueltas fuera de control. Lo próximo que vimos fue un cuerpo que yacía boca abajo sobre el pavimento. Curt y yo fuimos algunas de las primeras personas que acudimos a la escena del accidente para ayudar. Llamamos al 911, y mientras Curt revisaba los otros autos, yo fui hasta donde estaba la mujer sobre el pavimento. Apenas podía respirar, y como me imaginé que podría haberse lesionado el cuello o la espalda, traté de no moverla. Encontramos su nombre entre sus pertenencias, que habían volado de su auto, así que empecé a consolarla con mis palabras y a orar por ella, por su nombre. Otros empezaron a reunirse para ver si podían ayudar, y ante la gravedad de la situación, simplemente inclinaron su cabeza y escucharon mi oración.

Los paramédicos llegaron rápidamente y nos hicimos a un lado. Aunque no podíamos hacer nada más para ayudar, sabíamos que podíamos orar y así lo hicimos. No pudimos averiguar qué sucedió con ella, pero el Dios que lo ve todo sabe qué sucedió. Aunque de alguna manera podríamos llegar a sentirnos incapaces de ayudar, nunca somos inútiles cuando podemos orar. Curt y yo seguimos orando por ella y por su familia por un tiempo después del accidente. Hay consuelo al saber que podemos hablar confiadamente con nuestro Padre celestial a favor de otra persona. Mantente despierta, alerta y ora.

Sé agradecida

¿Piensas que Pablo está tratando de aseverar algo aquí? ¿Cuántas veces les recuerda a los colosenses que sean agradecidos? Yo conté siete en este corto libro. ¿Por qué pensará él que es tan importante ser agradecido? Tal vez, reconoce que ser agradecido puede cambiar literalmente cómo ver la vida. Ser agradecido puede influir en gran manera nuestra relación con Dios y con las personas. Piensa en esto: es una alegría estar cerca de una persona agradecida. Es segura, feliz y optimista. Pero es lamentable estar cerca de una persona desagradecida porque suele quejarse y rezongar.

Ser una persona agradecida significa dar gracias a Dios, no solo por las cosas buenas —aunque la mayoría de las personas se olvidan de hacerlo—, sino también en medio de las situaciones más difíciles. Pablo fue agradecido en medio de su prisión. Les dijo a los tesalonicenses que dieran gracias en todo, porque esta era la voluntad de Dios para ellos en Cristo Jesús. Y les dijo a los filipenses que oraran y dieran gracias en medio de sus preocupaciones.

Dios ama el corazón agradecido. El salmista escribió:

> *Sacrifica a Dios alabanza, y paga tus votos al Altísimo; e invócame en el día de la angustia; te libraré, y tú me honrarás... El que sacrifica alabanza me honrará; y al que ordenare su camino, le mostraré la salvación de Dios.*[7]

Jesús hizo un comentario asombroso que siempre viene a mi mente cuando pienso en ser una persona agradecida. En Lucas leemos sus palabras que describían la bondad de Dios para con todas las personas: "él es benigno con los ingratos y malvados".[8] Observa cómo agrupó a los ingratos y malvados. ¡Ay, no quisiera estar en esa categoría! Y recuerda qué dijo Jesús sobre los diez leprosos que fueron sanados cuando solo uno, un samaritano, volvió para darle las gracias. "Respondiendo Jesús, dijo: ¿No son diez los que fueron limpiados? Y los nueve, ¿dónde están? ¿No hubo quien volviese y diese gloria a Dios sino este extranjero? Y le dijo:

Levántate, vete; tu fe te ha salvado".[9] Es interesante que el despreciado samaritano fue el que volvió y cayó a los pies de Jesús para darle las gracias. Dios se complace con nuestra gratitud, no con nuestro estatus.

Sí, la gratitud es grande delante de Dios. Piensa en esto: ¿No te encanta cuando los demás reconocen que has hecho algo bueno por ellos? Eso muestra que lo notaron. Dios está siempre haciendo cosas buenas para nosotras. Podemos comenzar cada día con nuestro agradecimiento por el nuevo día, por perdonar nuestros pecados, por un nuevo comienzo, por su amor misericordioso y compasivo por nosotras, por cómo ha suplido nuestras necesidades durante las pasadas veinticuatro horas, por el hecho de que Él está siempre con nosotras, y porque nos ha dado una mente para pensar, y dones para usar y corazones para conocerlo. Bueno, ¡y eso para empezar! Tenemos tanto para agradecer a Dios, que podríamos estar agradeciéndole a cada momento del día.

Ora por mí

¿Cuántas veces alguien te pide que ores por él? Espero que te pase a menudo, porque eso significa que saben que tú oras. Pablo les pidió a los colosenses que oraran por él. Tenía una buena relación de oración mutua con ellos. Como recordarás, comenzó su carta con una oración por ellos. ¡Y qué oración poderosa fue! Al final de su carta, les pidió que se intercambiaran el favor. ¿Te gustaría ser compañera de oración de Pablo?

¿Tienes una compañera de oración? Quiero animarte a pedirles a una o dos amigas intercesoras, que sean tus compañeras de oración. Yo tengo varias queridas amigas a las que puedo llamar o enviarles un correo electrónico y decirle: "Necesito oración porque tengo que dar una conferencia aquí o enseñar allá". No te puedo explicar la bendición que es tener su aliento y apoyo de oración. Y yo también oro por ellas. Todas lo necesitamos. Pablo lo necesitaba. Jesús lo necesitaba, y nosotras también lo necesitamos.

Mi amiga Sharon Hill es indudablemente una guerrera de oración. Ha comenzado un ministerio llamado *OnCall Prayer*™ [Guardia de oración]. Ella desarrolló el nombre después de un tiempo de mucha oración (no me sorprende), cuando se le ocurrió una gran idea. Pensó en cuántas veces llamamos a una empresa y tenemos que esperar o dejar un mensaje; pero Dios siempre está de guardia. Él siempre está disponible para escuchar nuestras oraciones en cualquier momento y en cualquier lugar. Ella no solo desarrolló un diario de oración único y eficiente, sino que también pensó en el concepto de formar un escudo de oración para aquellos que sirven en el ministerio cristiano. Es así como lo describe:

> Como una líder cristiana al frente de un ministerio, eres más susceptible a la guerra espiritual. Aquellos que están en el ministerio tienen más obligación de rendir cuentas, mayor responsabilidad, a menudo están sujetos a mayores tentaciones, a sufrir de fatiga o agotamiento, y muchas veces son criticados. Pedir oración específicamente a un escudo de oración —un equipo designado compuesto por tres intercesores— provee una cobertura de oración, produce fortaleza y asegura una vida victoriosa. "Y si alguno prevaleciere contra uno, dos le resistirán; y cordón de tres dobleces no se rompe pronto". Eclesiastés 4:12.[10]

Cuando oramos por nuestras amigas comenzamos a desarrollar un vínculo profundo con ellas. La amistad se enriquece y se fortalece cuando somos francas y sinceras unas con otras sobre nuestras necesidades. Pablo, el gran apóstol, se colocó en una posición de vulnerabilidad al pedir oración. Se requiere humildad para pedirle a alguien que ore por ti, porque muestra que sabes que tienes necesidades y que estás buscando ayuda de parte de Dios. Orar unos por otros forja un vínculo de amor entre ambos. Por eso animo a las parejas casadas a orar juntos cada noche antes de dormirse. Orar también les da la oportunidad de gozarse juntos al ver a Dios obrar. Un estudio reciente confirma esto al documentar que, de hecho, el viejo adagio es verdad: los cónyuges que oran juntos realmente tienden a permanecer juntos.[11]

El pedido de oración de Pablo fue genuino, no egoísta ni egocéntrico. Les pidió a los colosenses que oraran por oportunidades de dar a conocer el misterio de Cristo. También les pidió que oraran para que pudiera proclamar claramente el evangelio. ¿Pablo, el Sr. Orador Elocuente, estaba pidiendo oración para poder predicar con claridad? Después de leer todas sus cartas, no me preocupa su habilidad para comunicar el evangelio, ¿y a ti? Pero él reconocía que no era perfecto y que necesitaba ayuda de Dios para proclamar la verdad. Él quería sinceramente predicar el evangelio con claridad para que muchos entendieran y conocieran a Cristo. Nosotras también necesitamos esa misma oración, ¿no es cierto?

Padre, danos la capacidad de dar a conocer la verdad de Jesús con claridad y sabiduría.

Aprovecha al máximo cada oportunidad

¿Qué piensan los incrédulos de los cristianos? Lamentablemente, los que no conocen a Cristo suelen ver a los cristianos como personas llenas de resentimiento, críticas, interesadas en su propio beneficio. Los cristianos han llegado a conocerse por todo aquello a lo cual se oponen, no por lo que apoyan. No hace falta decir que la mayoría no piensa que sean personas que aman a Jesús y quieren demostrar su amor al mundo. De hecho, esta semana en las noticias, una novelista secular famosa declaró públicamente que se está alejando del cristianismo, porque no está de acuerdo con las actitudes críticas de los cristianos. Dijo que sigue creyendo en Cristo y leyendo la Biblia; solo que no quiere que la asocien con la religión y el cristianismo.

Parece que tenemos un problema de imagen. Ahora bien, por supuesto que debe haber un delicado equilibrio entre seguir los principios de la Palabra de Dios y relacionarse afectuosamente con aquellos que no se adhieren a la Biblia. Los verdaderos seguidores de Cristo deberían ser vistos como individuos que reflejan su imagen; amables, afectuosos, humildes y buenos. Debemos vivir una vida recta y honrar a Dios con nuestra obediencia. Observa que no dije una vida farisaica y santurrona. Nuestras palabras y acciones deben mostrar al mundo cómo es Jesús. Las personas tendrían hambre de Cristo si vieran a los creyentes reflejar la gracia así como la verdad de Dios.

Pablo estaba preocupado por cómo reflejaban a Cristo los cristianos de su época, y nosotras deberíamos estar preocupadas por cómo lo reflejamos hoy. Esto es lo que él escribió:

Colosenses 4:5-6

Compórtense sabiamente con los que no creen en Cristo, aprovechando al máximo cada momento oportuno. Que su conversación sea siempre amena y de buen gusto. Así sabrán cómo responder a cada uno.

"Vivan sabiamente" es lo que estaba diciendo Pablo. ¿Cómo vivimos sabiamente? Al andar con Cristo y vivir en obediencia a Él, y sin pronunciar juicios odiosos contra los demás. El mundo necesita ver el ejemplo de una vida recta, no solo escucharnos hablar de eso. Lamentablemente, por muchas razones los cristianos se parecen al resto del mundo.

Pablo nos dice que vivamos de una manera digna de nuestro llamado. Nuestra tarea no es exigir a los incrédulos que tengan valores cristianos, sino exigirlo de nosotros mismos. ¿Qué tal si el mundo viera matrimonios cristianos que permanecen juntos, o cristianos que viven con integridad en el trabajo o cristianos que aman a su prójimo como a sí mismos? Un ámbito en el que veo a los cristianos dar un buen ejemplo es en la ayuda a los necesitados. El servicio cristiano ha influido significativamente en nuestra nación y en el mundo. Que sigamos bendiciendo al mundo con la compasión de Cristo y que también lo bendigamos con nuestras palabras.

Nuestras palabras deben ser siempre con gracia para con los no creyentes. Cuando hablamos con personas que no conocen a Cristo (bueno, en realidad, cuando hablamos con *cualquier persona*), nuestras palabras y nuestro tono deben estar llenos de gracia. Gracia no significa simplemente ser buenas, significa mostrar un favor inmerecido, la clase de gracia que Dios tiene hacia nosotras. Cuando pienso en la gracia, pienso en hablar con misericordia y perdón y aceptar a las personas sin importar la condición de su vida. Aceptarlas como personas y ser compasivas con ellas. Preocuparnos por su corazón y no solo pensar de ellas como "personas que necesitan ordenar su vida" o "personas que puedo ganar para el cristianismo".

Nuestras palabras también deben estar sazonadas con sal. Me encantan demasiado las palomitas de maíz, pero, en mi opinión, sin sal no vale la pena comerlas. Son insípidas y desabridas. La sal resalta el sabor de las comidas, así como las palabras sabias aportan sentido y riqueza a una conversación. Me encanta hablar (casi tanto como me gustan las palomitas de maíz), pero no disfruto de las conversaciones sin sentido. Una conversación sazonada con sal tiene sustancia y propósito. Creo que las mejores conversaciones suceden cuando nos concentramos en los intereses de la otra persona. Pregúntale acerca de su vida, hazle hablar y averigua qué la motiva. Se sentirá atraída a ti, y tú comenzarás a entender sus necesidades. Aprovecha cada oportunidad para rociar la conversación con bendiciones de la verdad.

Hace varios años, estuve dando una conferencia en Florida. Justo en ese tiempo, también estaba escribiendo un libro; así que en el viaje en avión de regreso a casa, puse la Biblia sobre mi falda y me preparé a estudiar y escribir. Sé que los viajes en avión ofrecen oportunidades maravillosas de entablar conversaciones sobre el Señor, sin ser agresivas en absoluto, sino conforme al curso natural de la charla. Pienso que podría escribir un libro entero sobre las cosas maravillosas que Dios ha hecho a través de las conversaciones en los aviones durante mis viajes. En este viaje en particular, un hombre se sentó a mi lado e inmediatamente quiso hablar. Al ver mi Biblia, tuvo el primer tema de conversación.

Comenzó a preguntarme lo que yo creía, y yo le contesté. A su vez, yo le pregunté sobre sus creencias. Rápidamente, fue claro que respetaba la Biblia, pero que no era cristiano. Provenía de un trasfondo judío, pero había abandonado todo eso por una mezcla de sus propias filosofías y religiones combinadas. Es como si hubiera ido a un mostrador que exhibía todas las religiones del mundo y simplemente hubiera tomado los elementos que quería de cada una. Hablamos del cielo y el infierno y de lo que Jesús decía; pero luego, en cierto momento, comenzamos a hablar de por qué Jesús vino a esta tierra. ¿Era Jesús tan solo un buen hombre o el Hijo de Dios? ¿Y por qué murió en la cruz?

Dios estuvo en control de todo este viaje, y creo que quiso que habláramos más, de modo que cuando nos informaron que nuestro avión no iba a aterrizar en Dallas debido a una tormenta, no me sorprendí. El avión se desvió a Austin para cargar combustible y luego finalmente regresamos a Dallas. El viaje de tres horas se convirtió en un viaje de cinco horas. Lo divertido fue que en el vuelo mostraron una película para que todos estuvieran felices. Sorprendentemente, la película era *El león, la bruja y el ropero*, parte de las Crónicas de Narnia de C. S. Lewis. Si conoces la historia, sabrás que Aslan, el león, es una figura de Cristo y, en cierto momento, ofrece voluntariamente su vida en sacrificio para salvar al pueblo de Narnia.

Solo Dios pudo haber orquestado ese momento oportuno. Justo cuando estaba en una profunda conversación con este hombre sobre el motivo que llevó a Cristo a sacrificar su vida por nosotros, miré la pantalla y vi a Aslan que estaba dando su vida en sacrificio por el pueblo. Entonces señalé la pantalla y dije: "Mire", y le mostré la relación con Cristo y su amor por nosotros. ¡Qué oportunidad perfecta! Gracias, Señor. Dios estaba obrando en la vida de ese hombre, y Él me permitió ser parte y plantar las semillas del mensaje del evangelio. No, el hombre no se entregó a Cristo allí, en ese momento, pero estoy segura de que Dios lo siguió llevando a la verdad del evangelio.

Aprovecha al máximo cada oportunidad a través de las palabras que Dios te dé. Mantente despierta, alerta, sé sabia. Nos preparamos en oración, pues es Dios quien nos da ojos para ver las oportunidades y sabiduría para compartir su verdad. Es Dios quien nos da un espíritu compasivo, porque Él está lleno de gracia. Es Dios quien riega la semilla y trae la cosecha. Puede que no veamos a la persona llegar a la fe en Cristo, pero podemos tener el gozo de plantar semillas y sazonar nuestras conversaciones con sal. Al final del largo vuelo desde Florida, mientras estábamos esperando nuestras maletas, el hombre me dio un abrazo y me dijo que sabía que ese encuentro había tenido un propósito. Siempre es un gozo cuando Dios nos usa, cuando aprovechamos al máximo cada oportunidad.

Pasos para vivir segura

LECTURA ADICIONAL: Mateo 7. Jesús enseña sobre la oración y las personas.

LA BATALLA POR LA VERDAD:

Destructor de tu seguridad: *No tengo tiempo para orar. Puedo arreglármelas bien sin orar.*

Forjador de tu seguridad: Nuestra seguridad al conversar con las personas se fortalece en nuestras conversaciones privadas con Dios.

OPCIONES:

- Conságrate a la oración como un atleta se consagra al entrenamiento.
- Mantente despierta y concentrada.
- Desarrolla una actitud deliberada de gratitud.
- Forma un equipo de apoyo en oración.

- Sé sabia en la manera de actuar con los no creyentes.
- Saca el máximo provecho de cada oportunidad.
- Entabla conversaciones que tengan sentido.

Plan deliberado: Un diario personal de agradecimiento.

Toma medidas deliberadas para ser una persona más agradecida. Comienza cada día escribiendo en tu diario al menos cinco cosas por las que estás agradecida en tu vida. Haz que sea una práctica diaria como parte de tu rutina de oración. Aparta un tiempo y un lugar para dar gracias y orar cada día.

Parte seis

Brilla con gozo

El ladrón no viene sino para hurtar y matar y destruir; yo he venido para que tengan vida, y para que la tengan en abundancia.

Juan 10:10

El gozo que Jesús da es el resultado de nuestra disposición a estar en armonía con su propia disposición.

Oswald Chambers

Capítulo once

Reconoce la bendición que traes a este mundo

Cada uno debe velar no sólo por sus propios intereses sino también por los intereses de los demás.

Filipenses 2:4 (NVI)

No permitas que lo que no puedes hacer interfiera con lo que puedes hacer.

John Wooden

Al final de su carta a los colosenses, Pablo escribe algunas palabras de despedida para diez de sus amigos. Normalmente, me salto esta clase de cosas. En serio, ¿acaso hay alguien que realmente lee los créditos al final de una película, a no ser, tal vez, la madre del diseñador de escenarios o el orgulloso tío del encargado de iluminación? La mayoría de las personas se va cuando la película termina. Pero solo porque llegó el momento de los créditos, no significa que las poderosas verdades de la Palabra de Dios hayan mermado. Créeme, yo que siempre leo por encima los créditos de Pablo, te digo que contienen maravillosas bendiciones que no te puedes perder. Incluso más importante, hay algunas aplicaciones prácticas valiosas para la vida, que todas podemos tomar personalmente.

Cada una de las personas a las que Pablo se dirigió en sus palabras de despedida nos ofrece una lección de vida que puede inspirar la nuestra. Cada uno de los diez tenía talentos y personalidades específicos que Dios usó para inspirar la vida de otros, y nosotras también hemos sido dotadas con dones únicos que Él puede usar para permitirnos ser de bendición para este mundo. En este capítulo, vamos a ir un poco más allá de los nombres y el saludo que Pablo escribió. Vamos a analizar, en conjunto, información de otros pasajes de las Escrituras en los cuales se mencionan a los diez. De esta manera, podemos obtener un breve boceto de sus vidas y saber cómo Dios usó sus dones y cómo puede usarnos a nosotras también. ¡Será la lista de créditos más enriquecedora que alguna vez hayas leído!

1. Tíquico: Un retrato de lealtad y fidelidad

La lealtad y la fidelidad son cualidades poco comunes en el mundo de hoy. Desde rotar de iglesia en iglesia, cambiar de trabajo y dejar al cónyuge, en muchos sentidos, hemos remplazado la lealtad con lo "que más nos conviene". Sé que a veces necesitamos buscar otro trabajo o una congregación nueva —y necesitamos la dirección de Dios en oración en esos asuntos—; pero la fidelidad es una cualidad fuerte y hermosa. Tíquico era un hombre de fe, que además era fiel para con el ministerio y el pueblo de Dios. Así lo describe Pablo:

> *Tíquico les contará con detalles cómo me va. Él es un amado hermano y un fiel colaborador que sirve conmigo en la obra del Señor. Precisamente lo envié para que les cuente cómo estamos y los anime.*[1]

Como uno de los representantes personales de Pablo, es muy probable que Tíquico fuera uno de los elegidos para entregar las cartas a los efesios y a los colosenses. Él no solo entregaba las cartas de Pablo, sino que también debía dar un informe acerca de él. Tienes que confiar realmente en la lealtad de alguien si dependes de él para que informe a otros acerca de ti. Cuán fácil es para algunos tomar parte de la verdad y tergiversarla para hacer quedar mal a alguien ante otros, mientras ellos quedan bien. Pablo tenía plena confianza en su amigo Tíquico. En el libro de los Hechos, aprendemos que ambos viajaron juntos a Jerusalén. Pablo escribió a Timoteo y a Tito para decirles que les estaba enviando a Tíquico también. ¡Oye, Tíquico sí que estaba ocupado! Pero eso se debe a que Pablo podía confiar en él como un siervo fiel, para que llevara a cabo la tarea que le encomendaba.

Tíquico también había sido enviado a animar el corazón de los creyentes de Colosas. Su tarea era fortalecer su corazón con la verdad de Dios. Tengo la sensación de que la verdad de Dios habitaba ricamente en la vida de Tíquico, y por ese motivo, era un amigo fiel que sabía animar. Tíquico era el tipo de hombre que enriquecía la vida de otras personas, al enseñarles las verdades de Dios y darles ánimo. Alguien de confianza y fiel que da ánimo es una bendición para el cuerpo de Cristo, al fortalecer y edificar en vez de abatir y destruir. Que podamos edificar con nuestras palabras y acciones fieles.

Preguntas para formularte: ¿Soy una persona digna de confianza? ¿Uso mis palabras para edificar, fortalecer y animar a otros? ¿Me deleito en las historias bien escandalosas o en predicar las verdades de Dios? ¿En qué amiga fiel puedo confiar? Pablo tenía un amigo en quien podía confiar que contaría la realidad de su situación. Necesitamos rodearnos de personas dignas de confianza y fieles. Si tu amiga te cuenta historias de otras personas, es probable que les cuente historias de ti a otras personas. Admito que trato de distanciarme de aquellas que detecto que no son amigas leales. También necesitamos evaluarnos a nosotras mismas y considerar si somos amigas fieles. ¿Cuento desconsideradamente historias de otra persona? ¿Pueden mis amigas confiar en mí? Determínate vigilar tus palabras y usarlas solo para animar a otros. Sé leal en tus acciones y comienza en tu propia familia.

2. Onésimo: Una vida transformada; de inútil a útil

Nunca subestimes el poder de Dios para transformar la vida de una persona. Onésimo no solo era un muchacho de pueblo, que vivía en Colosas, sino también un esclavo fugitivo. Había huido de su dueño, Filemón, un cristiano de allí. Después de encontrarse con Pablo en Roma, Onésimo creyó en Cristo y comenzó a seguirlo con todo su corazón. Pablo lo envió nuevamente a su dueño y envió con él una carta a Filemón, en la cual le pedía que recibiera otra vez a su ex esclavo y que lo perdonara por haber huido. Es interesante leer que Pablo identificó a Onésimo como un hermano fiel y amado, y confiaba en él para que informara de lo que estaba sucediendo en Roma. En un breve período de tiempo, Pablo debe haber visto pruebas de la vida transformada de Onésimo. Estas son las palabras que escribió al incluir a Onésimo en los diez que menciona:

> *[Tíquico] va con Onésimo, querido y fiel hermano, que es uno de ustedes. Ellos los pondrán al tanto de todo lo que sucede aquí.*[2]

Onésimo, un esclavo y ahora fugitivo, estaba dispuesto a hacer lo correcto y regresar a su dueño. El nombre *Onésimo* significa "provechoso". En su carta a Filemón, Pablo escribió: "te ruego por mi hijo Onésimo, a quien engendré en mis prisiones, el cual en otro tiempo te fue inútil, pero ahora a ti y a mí nos es útil, el cual vuelvo a enviarte; tú, pues, recíbele como a mí mismo".[3] Piensa en esto: una vez era inútil para su dueño, pero ahora se había convertido en alguien útil. ¿Quién había transformado su vida? ¡Cristo! Gracias a Él, Onésimo se había convertido en una nueva creación y una ayuda muy apreciada para Pablo. Antes tenía un espíritu rebelde, ahora tenía un corazón de siervo y fiel. Cristo transforma lo inútil en útil. ¿Qué puede hacer Él en nuestra vida?

Preguntas para formularte: ¿Ha transformado Cristo mi vida? ¿He cambiado mis viejas costumbres? ¿Tengo pruebas de una vida transformada? ¿Confío que Cristo hará una obra poderosa en mi vida o trato de cambiar en mi propio poder y fortaleza? ¿Veo esperanza en otros? ¿Los veo como solían ser o los veo como Dios los puede transformar? Debemos reconocer que Dios puede transformar nuestras vidas. No necesitamos quedarnos igual que antes. Dios puede limpiarnos y darnos gozo, propósito y dirección. En Cristo ya no somos inútiles, porque el poder transformador de Dios en nuestra vida hace que seamos útiles.

3. Aristarco: Dispuesto a hacer el trabajo difícil

Cuando las cosas se complican, ¿qué haces? ¿Le haces frente o huyes? Desearía poder decir que siempre he sido fuerte y valiente, pero no he perseverado tanto en eso, al menos no como Aristarco. Como de esta breve mención de Aristarco, no percibimos mucho de él, déjame presentarte un poco más a este campeón de la valentía y la perseverancia. Pablo simplemente dijo: "Aristarco, mi compañero de cárcel, les manda saludos", pero hay infinidad de historias guardadas en ese nombre.

Ante todo, vemos que Aristarco era un compañero de cárcel de Pablo, de modo que él también sufría por causa del evangelio de Cristo. Sabemos por otros pasajes de las Escrituras que Aristarco estuvo con Pablo en su tercer viaje misionero y que fue capturado con Pablo por una muchedumbre desenfrenada en Éfeso (Hch. 19:29). Estuvo con Pablo y Tíquico en Grecia (Hch. 20:4) y también navegó con Pablo a Roma (Hch. 27:2), donde soportó la tormenta y el naufragio. Podemos decir, sin lugar a equivocarnos, que no vivía una vida monótona. Aristarco no corría del peligro; ¡en realidad parecía correr hacia él! ¿De dónde provenía esta valentía? Cristo era su inspiración. Se había entregado totalmente a su Salvador.

Preguntas para formularte: ¿Cuán lejos estoy dispuesta a ir por Cristo? ¿Me manifestaré a favor de Él, aunque no sea popular? ¿Estoy dispuesta a sufrir persecución o el ridículo por seguir a Cristo? ¿Estaré al lado de aquellos que estén a favor de Él? ¿De dónde proviene mi valentía? Las palabras que Dios le dijo a Josué también le dieron gran fortaleza para enfrentar las batallas que tenía por delante. "Nunca se apartará de tu boca este libro de la ley, sino que de día y de noche meditarás en él, para que guardes y hagas conforme a todo lo que en él está escrito; porque entonces harás prosperar tu camino, y todo te saldrá bien. Mira que te mando que te esfuerces y seas valiente; no temas ni desmayes, porque Jehová tu Dios estará contigo en dondequiera que vayas".[4] Recuerda que no estás sola. Tienes un Dios grande y poderoso que está contigo y te fortalece. Permanece sobre el fundamento de su Palabra como tu guía.

4. Marcos, el primo de Bernabé: superó el rechazo y aprendió de sus errores

Todos metemos la pata, cometemos errores y tomamos decisiones equivocadas. La pregunta es: ¿Qué hacemos después? ¿Nos reprochamos y nos repetimos todo el tiempo que somos unas fracasadas? ¿O aprendemos de nuestros errores, nos fortalecemos y seguimos adelante? Siempre hay esperanza. Ningún error es demasiado grande para que Dios no pueda redimir y sacar algo bueno de la prueba. Estoy segura de que Marcos se sintió un fracasado cuando Pablo lo rechazó. La verdadera historia no se cuenta aquí en Colosenses, pero podemos unir fácilmente las partes. Esto es todo lo que Pablo escribió en su saludo para Marcos en Colosenses:

> *Aristarco, mi compañero de cárcel, les manda saludos, como también Marcos, el primo de Bernabé. En cuanto a Marcos, ustedes ya han recibido instrucciones; si va a visitarlos, recíbanlo bien.*[5]

Ahora, en cuanto al resto de la historia, años antes Marcos había salido junto con Bernabé en el primer viaje misionero de Pablo, pero decepcionó a este al abandonarlo en la mitad. No sabemos por qué se fue.

Más adelante, cuando Bernabé quiso traer consigo a Marcos en otro de los viajes misioneros de Pablo, Pablo rechazó rotundamente que Marcos se uniera a ellos. Estaba tan convencido de su decisión, que Bernabé (el que anima) salió hacia un rumbo con Marcos, mientras Pablo salió hacia otro rumbo sin ellos. ¡Este sí que es un tremendo rechazo! Pero Marcos no se dio por vencido. Siguió trabajando con Bernabé y, más adelante, con Pedro (Hch. 12:12-13; 1 P. 5:13). Finalmente, Marcos y Pablo se reconciliaron, y él se convirtió en uno de los colaboradores del apóstol (Flm. 24). Pablo pide a los colosenses que reciban bien a Marcos, y más adelante, en su segunda carta a Timoteo, escribe afectuosamente: "Recoge a Marcos y tráelo contigo, porque me es de ayuda en mi ministerio".

Marcos pasó del rechazo al afecto a los ojos de Pablo. La clave es que él no se rindió. Maduró y aprendió de los errores del pasado, demostró y consolidó su lealtad. Así como Pablo perdonó a Marcos, parece que Marcos también perdonó a Pablo. Si hubieras sido rechazada públicamente por Pablo, ¿cómo reaccionarías? Tenderías a amargarte y enojarte, y decir: "Bueno, si eso es lo que sientes conmigo, no quiero saber nada más de ti". Pero Marcos debe de haber tenido un espíritu enseñable, con sus ojos puestos en Cristo, no en Pablo. Él no era el centro de su enfoque, sino Cristo. Cuando nos rechazan, debemos enfrentar nuestra decepción y volver a poner nuestros ojos en Cristo y en su plan para nuestras vidas, y dejar de pensar en el rechazo. A propósito, este mismo Marcos es el que escribió el Evangelio de Marcos. ¡Sin duda fue un vencedor!

Preguntas para formularte: ¿Cómo suelo reaccionar ante el rechazo? ¿Acaso idolatro la aceptación y la aprobación? ¿Estoy dispuesta a acudir a Cristo y confiar en su plan para mi vida? ¿Acaso aprendo de mis errores o solo me desaliento y me amargo? Podemos elegir cómo reaccionamos ante el rechazo en la vida. Recuerda la soberanía de Dios. El rechazo podría tomarte por sorpresa, pero no a Dios. Él tiene un plan; solo que puede que sea un poco diferente al que pensabas que sería. Confía en Él, y pídele que te guíe y te ayude a aprender de cada error. Que las decepciones te hagan crecer; no te rindas.

5. Jesús, llamado Justo: Un amigo que consuela

El nombre *Jesús* era un nombre común en los tiempos de Pablo. Él nombró a Jesús, llamado Justo en este saludo, pero no vemos que su nombre se mencione en ningún otro lugar de las Escrituras. Pablo escribió:

> *Y Jesús, llamado Justo; que son los únicos de la circuncisión que me ayudan en el reino de Dios, y han sido para mí un consuelo.*[6]

El nombre *Justo* era romano y era un nombre o apellido común, que denotaba obediencia y devoción a la ley. Pablo había sufrido mucho por la persecución de los judíos legalistas. Se manifestaban en contra de él en todos lados, pero aquí había alguien que había elegido seguir a Cristo y ahora era un amigo fiel.

Justo era un fiel amigo, que en otro tiempo había sido enemigo. Era un consuelo para Pablo y, asimismo, un colaborador. Si bien Pablo era fuerte, seguro y convincente, necesitaba el consuelo de amigos. Es interesante notar que esta palabra griega para *consuelo* no se usa en ninguna otra parte del Nuevo Testamento. Era un término médico común, del cual deriva nuestra palabra española *paregórico*, que es un elixir relajante. Justo era un amigo que aliviaba el alma de Pablo y le daba apoyo y fortaleza espiritual. Dios no nos hizo para ser islas. Necesitamos estar relacionados. Por eso envió un querido amigo para que consolara a Pablo en los tiempos difíciles.

Preguntas para formularte: ¿Qué clase de amiga soy? ¿Traen sanidad y consuelo mis palabras y acciones? ¿O estoy constantemente agotando a los demás con quejas y rezongos? ¿Tengo amigas que consuelan mi alma? ¿Estoy tratando de vivir independientemente de los demás o propicio las relaciones y el consuelo a través de las amistades? Mira a tu alrededor y piensa en las personas que Dios ha colocado en tu vida. Busca la manera de ser un bálsamo de alivio en sus vidas. Abre las puertas de tu corazón para dejar que tus amigas te ministren y te consuelen a ti también. Y nunca subestimes el poder de Dios para transformar a una antigua enemiga en una amiga sincera.

6. Epafras: Un guerrero de oración fiel y devoto

¿A quién podrías llamar o enviarle un correo electrónico con un pedido de oración en este momento, porque sabes que realmente orará por ti? Es maravilloso tener una amiga devota, que sea una mujer de Dios y una mujer de oración. Ellas no solo nos inspiran, sino que son una bendición para nosotras. Epafras era esa clase de persona. Era un líder de la iglesia de Colosas y, es muy probable que en la de Laodicea también. Y, al parecer, hizo el largo viaje hasta Roma para buscar a Pablo y hablar con él de las dificultades que estaba enfrentando con las influencias gnósticas. Pablo estaba impresionado no solo por la pasión de Epafras por la Palabra de Dios, sino también por su piadosa preocupación por sus hermanos colosenses. Esto es lo que Pablo escribió de él:

> *Les manda saludos Epafras, que es uno de ustedes. Este siervo de Cristo Jesús está siempre luchando en oración por ustedes, para que, plenamente convencidos, se mantengan firmes, cumpliendo en todo la voluntad de Dios. A mí me consta que él se preocupa mucho por ustedes y por los que están en Laodicea y en Hierápolis.*[7]

¡Qué mención tan honorable hizo Pablo aquí! Le da una palmadita en la espalda a Epafras como "siervo de Cristo Jesús". Epafras estaba consagrado a la causa de Cristo, hasta el punto de terminar en la cárcel con Pablo. Sí, vemos en la carta de Pablo a Filemón, que llama a Epafras su "compañero de prisiones". No conocemos toda la historia, pero sabemos de su compromiso en predicar y enseñar el evangelio, que probablemente hizo que los judíos fueran sus enemigos, como lo eran de Pablo. Pienso que es impresionante que se conozca por su manera de luchar en oración por los colosenses. ¿Has luchado alguna vez en oración para que una persona conozca a Cristo o madure en su fe? A veces, Dios pone ciertas personas en mi corazón por quienes orar fervientemente. Es un gozo ir al Padre en oración por alguien, y es mucho más gozo cuando veo a Dios obrar en sus vidas. Epafras servía con fidelidad como pastor y guerrero de oración, y se preocupaba sinceramente por la condición espiritual de sus hermanos en la fe.

Preguntas para formularte: ¿Cuán devota soy con el mensaje del evangelio y en compartirlo con otros? ¿Cuán a menudo lucho en oración por otra persona? ¿Conozco personas que considero devotas y centradas en Cristo? ¿Les cuento cosas de mi vida y mis necesidades de oración? Ser una cristiana devota no es solo para aquellas personas que están en el ministerio. Cada una de nosotras puede buscar a Cristo apasionadamente y consagrar tiempo a la oración y al estudio de su Palabra, y crecer en comunión con otras personas devotas a Él. Que podamos interesarnos por los demás a tal punto de luchar por ellos en oración.

7. Lucas: Un hombre de Dios polifacético

Personas como Benjamín Franklin y Leonardo da Vinci siempre me han fascinado, porque eran dotados en una variedad de aspectos diferentes, y usaban todos sus dones para beneficio de la humanidad. Lucas era ese tipo de persona. Era dotado en muchas capacidades y usaba esos dones y talentos para el avance del reino de Dios. Incluso le gustaba correr riesgos, dado que acompañó a Pablo en aquella famosa tormenta y posterior naufragio en su viaje a Roma. Aquí, en el libro de Colosenses, solo recibe una breve mención, pero hay mucho más que decir de este hombre. Pablo lo incluyó cuando dijo: "Los saludan Lucas, el querido médico, y Demas".[8]

Lucas era un médico y un aventurero, que acompañó a Pablo en su viaje misionero y mientras estaba preso en Roma. No solo era inteligente, sino compasivo. ¿No desearías que todos los médicos fueran como él? Era un trabajador esforzado y un buen amigo. Lucas era un escritor cuidadoso y versado; escribió el Evangelio de Lucas y el libro de los Hechos. En su Evangelio, describió el lado compasivo de Cristo, relatando historias de su poder y de cómo trataba a las personas con cuidado y afecto. Podemos leer un poco más acerca de Lucas, porque se incluyó en algunos pasajes de los Hechos (caps. 16—28).

Pablo estaba agradecido por el compañerismo y la ayuda de Lucas. Sabemos por el libro de los Hechos que Pablo a menudo era golpeado brutalmente y encerrado en la cárcel; estoy segura de que Lucas estaba cerca para curar sus heridas. Pablo también tenía un "aguijón en la carne". No sabemos lo que eso significa, pero es muy probable que fuera algún tipo de padecimiento físico, y quizá Lucas fuera muy útil para atenderlo en eso también. Era dotado como médico y también como escritor, y estaba dispuesto a usar esos dones cada vez que Dios lo impulsaba. Dios, en su bondad, movilizó el corazón de este hombre talentoso a consagrarse al servicio para que Pablo pudiera beneficiarse de su ayuda y, a la vez, para que el evangelio se extendiera.

Preguntas para formularte: ¿Qué dones y talentos me ha dado Dios? ¿Estoy abierta a la manera que Dios quiere que use esos dones para su gloria? ¿A quiénes ha colocado Dios en mi vida como un don para ministrar a mis necesidades? ¿Los he recibido bien en mi vida? ¿Les he agradecido? ¿Hay algunos talentos que Dios me está impulsando a buscar? ¿Estoy dispuesta a trabajar duro y a usar esos dones y talentos? Dios nos ha dado a cada una algo que podemos hacer. Aunque podría parecernos insignificante, puede ser una verdadera bendición para otra persona. Podría ser hornear pan, o remendar ropa o escribir cartas, pero cada una de nosotras tiene algo que ofrecer. Seamos diligentes para desarrollar nuestras capacidades y luego pidámosle a Dios que nos dirija y nos guíe para saber cómo quiere que las usemos.

8. Demas: Una historia triste

En la mayoría de las alineaciones de jugadores, generalmente, hay alguien que parece bueno al principio, pero, después de todo, resulta no ser tan bueno. Sucede en los equipos de fútbol americano, en las juntas directivas y en los equipos de animadoras. Hasta sucedió con los doce principales discípulos de Jesús. Judas no estaba destinado a estar en la alineación de los doce principales. Dios tiene sus propósitos hasta en los ejemplos decepcionantes de la vida. A menudo usa a estas personas para advertirnos que debemos guardarnos de seguir sus pasos. Cada uno de nosotros es un ejemplo; asegurémonos de ser buenos ejemplos. En las palabras de despedida, Pablo menciona a un hombre llamado Demas: "Los saludan Lucas, el querido médico, y Demas". Demas es otra de esas breves menciones aquí. También se mencionó en Filemón como "colaborador". Pero en una de las cartas de Pablo a Timoteo, aprendemos más. Le escribió diciendo: "Procura venir pronto a verme, porque Demas me ha desamparado, amando este mundo, y se ha ido a Tesalónica".[9]

Lamentablemente, cuando Pablo más lo necesitaba, Demas lo abandonó. ¿Por qué? Porque amaba a este mundo. Recuerdo una parábola de Jesús donde menciona esta misma clase de amor a este mundo. Jesús comparó una planta que crece entre espinos con aquellos que escuchan la Palabra de Dios, "pero el afán de este siglo y el engaño de las riquezas ahogan la palabra, y se hace infructuosa".[10] En este mundo, hay muchas distracciones y señuelos tentadores que nos incitan a amarlos más que a Jesús. Tener cosas buenas y abundancia no es malo, pero cuando las amamos más que a Dios y las idolatramos, nos volvemos infructuosos. Escuchemos la advertencia que aprendemos de Demas y estemos alertas de las cosas que podrían tironear de nuestro corazón y nuestra mente y apartarnos de seguir a Cristo y de amarlo con todo nuestro ser.

Preguntas para formularte: ¿Qué cosas del mundo me distraen y tironean de mi corazón? ¿En qué sentido me están impidiendo buscar a Cristo? ¿Necesito hacer algún cambio en mi vida? ¿Cómo puedo hacer para que Cristo sea el centro de mi vida? A diferencia de Marcos, parece que Demas no aprendió de sus errores. No sabemos qué fue de él, pero podemos usar su ejemplo para ayudarnos a abrir nuestros ojos a las distracciones que nos rodean y guardarnos de remplazar nuestro amor al Señor por el amor a este mundo y los deleites temporales que ofrece.

9. Ninfas: La mejor anfitriona

Cuando mi casa está llena de personas, me emociona. Puede que no sea la mejor cocinera del mundo, o ama de casa o decoradora, pero puedo abrir las puertas de mi casa con una sonrisa y ofrecer un lugar de reunión. Desde despedidas de solteros a fiesta de cumpleaños y estudios bíblicos, mi casa es muy concurrida, y a la vez me da mucho gozo. Al parecer, a Ninfas también le gustaba abrir las puertas de su casa. Esto es lo que Pablo escribió después:

> *Saluden a los hermanos que están en Laodicea, como también a Ninfas y a la iglesia que se reúne en su casa. Una vez que se les haya leído a ustedes esta carta, que se lea también en la iglesia de Laodicea, y ustedes lean la carta dirigida a esa iglesia.*[11]

Abrir nuestros brazos a otros y recibirlos en el Señor nos da la oportunidad de mostrarles el amor de Cristo. En Romanos se nos dice que "practiquemos la hospitalidad". El escritor de Hebreos sigue diciendo: "No se olviden de practicar la hospitalidad, pues gracias a ella algunos, sin saberlo, hospedaron ángeles".[12] En lo que se refiere a Ninfas, ella ofrecía lo que podía a la obra del Señor, al abrir su casa como un lugar de reunión para la iglesia. Aprendamos de su ejemplo y abramos nuestro corazón y nuestra casa. Seamos como el niño con los cinco panes y dos peces; él dio lo que tenía, y Dios lo bendijo y lo usó para su pueblo. Debemos ser cuidadosas de no ser tan celosas de nuestras cosas, que no estemos dispuestas a usarlas para ayudar a otros.

Pablo saludó a Ninfas, que hospedaba a la iglesia de Laodicea en su casa, y al grupo en general de creyentes de Laodicea. Ellos eran los receptores de la carta a los colosenses después de leerla en Colosas. La ciudad de Laodicea estaba ubicada a pocos kilómetros al noroeste de Colosas. Era afluente debido al comercio y la industria. Puede que recuerdes a Laodicea como el sitio de una de las iglesias del libro de Apocalipsis. El Señor la describió como ni fría ni caliente, sino más bien tibia. Parece que el amor del mundo la había distraído también. ¿Has tomado alguna vez un sorbo de agua tibia cuando estabas esperando algo refrescante y frío? Lo único que quieres es escupirlo de tu boca. Eso es lo que Jesús le dijo a la iglesia de Laodicea, pero después le hizo este encargo: "Mira que estoy a la puerta y llamo. Si alguno oye mi voz y abre la puerta, entraré, y cenaré con él, y él conmigo".[13] ¿Cómo evitas ser tibia? Abre la puerta de tu corazón e invita a Jesús a entrar y tener comunión contigo, y a ser el centro de tu vida.

Preguntas para formularte: ¿Tengo una actitud de puerta abierta en lo que respecta a mi casa y mis cosas? ¿Me he vuelto tibia y he perdido mi interés en el Señor? ¿Soy útil en sus manos con lo que tengo en *mis* manos? No importa cuánto tengamos, si es mucho o poco, igual podemos tener una actitud de hospitalidad. Considera las necesidades de los demás y busca la manera de hacer brillar el amor de Cristo por medio de las cosas que Él te ha dado. Lo que podría parecer poco para ti podría significar mucho en las manos del Señor. Abre la puerta de tu casa, pero más importante aún, abre las puertas de tu corazón, invita a Cristo a morar y habitar todo el tiempo en ti. Mientras habitamos en Él y Él en nosotras, nunca seremos tibias.

10. Arquipo: No aflojes

Si alguna vez has visto una carrera de larga distancia, puedes ver el cansancio en los rostros de los que corren, a medida que se acercan al último cuarto. Recuerdo estar mirando a mi hija, Grace, en una carrera a campo traviesa. La animé en la línea de largada y después corrí adelante para animarla cuando estuviera a tres cuartos de la carrera. Siempre le gritaba lo mismo "¡No aflojes!". Todas nos cansamos a veces. Pablo animó a los gálatas: "No nos cansemos, pues, de hacer bien; porque a su tiempo segaremos, si no desmayamos".[14] Es tentador tirar la toalla cuando no ves resultados o cuando simplemente estás cansada y punto. Todas necesitamos una palabra de aliento.

Pablo termina sus palabras de despedida con: "Díganle a Arquipo que se ocupe de la tarea que recibió en el Señor, y que la lleve a cabo".[15] En otras palabras, no tires la toalla; termina lo que el Señor te ha encomendado. Resiste. Podemos usar este recordatorio para nuestra obra, porque nuestra obra no siempre va a ser divertida. Hay algunos tramos extensos donde podríamos sentir ganas de abandonar. Necesitamos animarnos unas a otras para seguir adelante, persistir y no cansarnos de la obra de Dios. Warren Wiersbe observa que "el ministerio no es algo que hacemos para Dios; es algo que Dios hace en y a través de nosotros".[16] Dios tiene una obra para que cada una haga en este mundo. Puede que no sea un "ministerio" oficial, pero es una obra que Él quiere que cumplamos, una obra para la cual nos ha creado y diseñado. Sigamos buscando nuestra fortaleza en Él mientras llevamos a cabo nuestro llamado.

Preguntas para formularte: ¿Qué me ha llamado Dios a hacer? ¿Me he cansado de hacerlo? ¿Necesito prestar atención al consejo de Pablo de no aflojar? ¿Cómo puedo animar a otros que podrían estar cansados? Mi querida hermana en Cristo, reconoce que Dios te creó con un propósito. Él te dotará para ese propósito, de modo que mantén tus ojos en Él y cuando te canses, escucha la voz de Pablo que te dice: "¡No aflojes!". Busca la oportunidad de transmitir esas palabras a otros que se han cansado. Persevera en los momentos difíciles y sigue la dirección de Dios. En Corintios leemos: "Por lo tanto, mis queridos hermanos, manténganse firmes e inconmovibles, progresando siempre en la obra del Señor, conscientes de que su trabajo en el Señor no es en vano".[17]

Una palabra final

¡Qué gran alineación!, ¿verdad? Estoy contenta de no haber pasado por alto los créditos. Aprendí un principio de vida importante de cada una de estas historias, y espero que tú también. Pablo termina su libro con un último encargo: "Yo, Pablo, escribo este saludo de mi puño y letra. Recuerden que estoy preso. Que la gracia sea con ustedes". *Recuerden que estoy preso.* Cuando estamos ocupadas con nuestra vida y nuestras rutinas diarias, es fácil olvidarnos de aquellos que sirven en el ministerio y que son perseguidos por causa de Cristo. La persecución de los creyentes no es algo que sucedía solo en los tiempos bíblicos, está sucediendo ahora en varios lugares del mundo.

Por favor, ora por aquellos que arriesgan sus vidas cada día por causa de Cristo. Puede que no conozcas sus nombres o sus necesidades específicas, pero Dios sí. La Voz de los Mártires ayuda a cristianos de todo el mundo que son perseguidos por su fe en Cristo. (Puedes conocer más de los mártires de la actualidad al visitar www.persecucion.org). También te animo a ayudar a misioneros locales y del exterior con tus oraciones y apoyo financiero. Puede que tu iglesia ya apoya a misioneros, si no, puedes hacerlo a través de diversas organizaciones, como Cruzada Estudiantil para Cristo, Traductores de la Biblia Wycliffe, o Juventud con una misión (JUCUM).

Pasos para vivir segura

LECTURA ADICIONAL: 1 Corintios 12. Usa tus dones para edificar el cuerpo de Cristo.

LA BATALLA POR LA VERDAD:

Destructor de tu seguridad: *No tengo nada que ofrecer a este mundo.*

Forjador de tu seguridad: Dios nos ha dotado a cada una con dones y talentos, y nuestra seguridad remonta vuelo cuando la usamos para animar a otros.

OPCIONES:

- Sé una persona leal y fiel.
- Permite que Dios te transforme en una persona útil para su reino.
- Sé fuerte y valiente. No huyas de las dificultades.
- Aprende de tus errores y rechazos. Confía en el plan de Dios y sigue creciendo y avanzando.
- Sé un "renuevo del alma" para tus amigas.
- Conságrate a pasar más tiempo en oración y en la Palabra de Dios.

- Desarrolla tus dones y talentos, y úsalos para los propósitos del reino.
- No te dejes distraer por el mundo.
- Abre las puertas de tu corazón y de tu casa.

Plan deliberado: ¿Te puedes identificar?

Vuelve a leer sobre las diez personas mencionadas por Pablo en sus palabras de despedida y piensa en cuál de ellos te impresionó más. Señala la historia en tu libro y repasa el párrafo con las "preguntas para formularte" al final de la historia. Escribe las respuestas a las preguntas en los espacios de abajo a manera de diario personal. Sé franca y sincera contigo. Escribe un paso positivo que darás como resultado de esta autoevaluación.

____

____

____

____

Paso positivo hacia adelante:____________________

____

Capítulo doce

¡Sal y actúa segura!

Porque Jehová será tu confianza, y él preservará tu pie de quedar preso.

Proverbios 3:26

Camina con valor y sabiduría... Hay una mano arriba que te ayudará a seguir caminando.

Phillips James Bailey

A los diecisiete años, Kristen Anderson sentía que no podía seguir soportando el dolor emocional en su interior, de modo que en un momento de desesperación, se acostó sobre las vías del tren, frente a un tren que se aproximaba, con la idea de terminar con su vida. Perdió sus piernas y cuatro litros de sangre (se supone que la pérdida de tres litros de sangre causa la muerte). Sin embargo, milagrosamente sobrevivió. Todos le decían que Dios debió de haberla salvado con un motivo, pero ella no podía entender el porqué. Al menos no hasta que conoció a Cristo de una manera real y personal. Kristen siempre había escuchado hablar de Dios e incluso había ido a la iglesia, pero nunca había entendido que podía tener una relación personal y significativa con Él. A medida que llegó a conocer, amar y seguir a Cristo, Él comenzó a cambiar a esta adolescente desesperada en una joven segura y alegre.

En su libro, *Life, In Spite of Me* [La vida, a pesar de mí], Kristen relata su poderosa historia en la que encontró esperanza extraordinaria al enfrentar el dolor emocional de su vida y las dificultades físicas de perder sus piernas. Ahora predica el mensaje de amor, esperanza y fortaleza de Dios a través de su ministerio llamado *Reaching You* (www.reachingyou.org, recurso en inglés), dirigido a aquellos que están experimentando un dolor emocional. Kristen hasta tuvo el privilegio de contar su historia en el *Show de Oprah Winfrey* y pudo hablar de su esperanza en Cristo y cómo cambió su vida con Él. Kristen es una mujer radiante que refleja confiadamente el amor de Cristo. Esto es lo que escribió en su libro tiempo después de haber aceptado a Cristo y de comenzar a crecer en su relación con Él.

> Sentí que cuando oraba necesitaba permitir que Dios fuera mi mejor amigo, necesitaba hablar con él sobre todo, y necesitaba escucharlo y hacer de Él mi prioridad. En las semanas siguientes, comencé a practicar eso. Cuando surgían problemas, hablaba con Dios de mis problemas. Y cuanto más hablaba, más lo sentía conmigo... Cuando estaba preocupada, oraba y sentía más paz. Los cambios no fueron grandes por fuera, pero podía sentirlos por dentro. Y también sentía a Dios. Cuanto más me enfocaba en Él, más me daba cuenta de que tenía una mejor relación con Él, una relación que siempre había necesitado y anhelado. Ver cómo esto me ayudaba me hizo querer cambiar más.[1]

Kristen aprendió el secreto de una vida exitosa. No estaba en tener el cuerpo perfecto, o en las circunstancias perfectas o en estar rodeada de las personas perfectas, sino en tener una relación dinámica con el Dios Perfecto que la había creado. Él es el secreto. Él es nuestra confianza y nuestra esperanza. Él puede transformar nuestras vidas, así como transformó la vida de Kristen. El apóstol Pedro escribió: "Su divino poder, al darnos el conocimiento de aquel que nos llamó por su propia gloria y potencia, nos ha concedido todas las cosas que necesitamos para vivir como Dios manda. Así Dios nos ha entregado sus preciosas y magníficas promesas para que ustedes, luego de escapar de la corrupción que hay en el mundo debido a los malos deseos, lleguen a tener parte en la naturaleza divina".[2]

Sí, su divino poder nos da todo lo que necesitamos para vivir como Dios nos manda mediante nuestro conocimiento de Él. Es mi esperanza que al estudiar juntas el libro de Colosenses hayas llegado a saber más acerca de Cristo y tengas aun más deseos de conocerlo personalmente. El término que Pedro usó para "conocimiento", en realidad, es *epignosis*, que denota una investigación intensa. No es tan solo conocer acerca de

Cristo, sino realmente conocerlo de una manera rica y significativa. Cuando Él enriquece nuestra vida, desarrollamos una seguridad en Dios enfocada en Él y no en nosotras.

¿Dónde está tu confianza?

Debemos preguntarnos en quién tengo puesta mi confianza. Si mi enfoque está en mí misma, puedo tender a desmoralizarme. Cuando pensamos en nosotras mismas, tendemos a recordar nuestros errores, nuestras heridas, nuestros defectos. Nuestra confianza se hunde cuando nos enfocamos en nuestras propias debilidades. La verdad es que todas tomamos decisiones necias y erradas. Todas nos hemos equivocado a veces, y por eso enfocarnos en nosotras mismas solo nos desmoraliza. Tratar de pensar positivamente sobre nosotras mismas es solo una medida temporal, y aun así pone nuestra confianza en terreno peligroso. Hay algunas mujeres que luchan con el orgullo, que no es más que depender egoísta y efímeramente de sí mismas en vez de depender de Dios.

La seguridad verdadera e inconmovible viene solo de una fuente: el Dios inconmovible que nos ama. Cuando reconocemos que en Él somos perdonadas y transformadas, nos fortalecemos en nuestro ser interior. Cuando buscamos en Él la dirección de nuestra vida, comenzamos a transitar nuevos caminos con seguridad en vez de indecisión. Y desde luego, al entregarle nuestras inquietudes, preocupaciones y temores a Aquel que nos ama, caminamos con una paz que sobrepasa todo entendimiento. Cuando nos enamoramos de Él, vivimos en la seguridad de que nunca estamos solas y que somos muy amadas.

Tú estás escondida *en* Cristo, no te escondas *de* Él. Él te ama y desea ser tu fortaleza. En el Antiguo Testamento, Dios habló por medio del profeta Isaías para recordar a su pueblo el amor y la fortaleza que Él da a aquellos que esperan en el Señor.

> *"¿Con quién, entonces, me compararán ustedes? ¿Quién es igual a mí?", dice el Santo. Alcen los ojos y miren a los cielos: ¿quién ha creado todo esto? El que ordena la multitud de estrellas una por una, y llama a cada una por su nombre. ¡Es tan grande su poder, y tan poderosa su fuerza, que no falta ninguna de ellas! ¿Por qué murmuras, Jacob? ¿Por qué refunfuñas, Israel: "Mi camino está escondido del Señor; mi Dios*

ignora mi derecho"? ¿Acaso no lo sabes? ¿Acaso no te has enterado? El Señor es el Dios eterno, creador de los confines de la tierra. No se cansa ni se fatiga, y su inteligencia es insondable. Él fortalece al cansado y acrecienta las fuerzas del débil. Aun los jóvenes se cansan, se fatigan, y los muchachos tropiezan y caen; pero los que confían en el Señor renovarán sus fuerzas; volarán como las águilas: correrán y no se fatigarán, caminarán y no se cansarán.[3]

La mujer que pone su esperanza en el Señor levantará alas como las águilas. Correrá y no se cansará; caminará y no se fatigará. Esto no significa que no tendremos problemas en la vida, que tendremos todo lo que queramos. Significa que Dios nos dará la fortaleza y la paz que necesitamos para vivir segura en los buenos y en los malos tiempos. No tenemos promesas de que la vida será perfecta, pero se nos promete que Dios nunca nos dejará ni aun en las tormentas de la vida. El secreto de una vida exitosa está en tener nuestra esperanza en Él y no en nosotras mismas. Vamos a echar un vistazo a varios grandes hombres y mujeres de fe de las Escrituras, que encontraron su esperanza en Dios. Escucha las palabras de su corazón al hallar su fortaleza y su ayuda en el Señor.

Moisés y Miriam escribieron estas palabras después que Dios dividió milagrosamente el mar Rojo y los israelitas cruzaron por tierra seca: "Jehová es mi fortaleza y mi cántico, y ha sido mi salvación. Este es mi Dios, y lo alabaré; Dios de mi padre, y lo enalteceré. Jehová es varón de guerra; Jehová es su nombre".[4]

Débora, una valiente líder de Israel, encontró su fortaleza en Dios y no en el hombre a la hora de salvar a los israelitas en la batalla. Ella escribió una canción después del enfrentamiento, en la cual declaró: "Mas los que te aman, sean como el sol cuando sale en su fuerza".[5]

Rut decidió depender del Señor y no de la comodidad de su tierra natal después que su esposo murió. Aunque no era israelita, se comprometió a confiar en el Señor y seguirlo como su Dios. En una declaración de su fe, dijo a su suegra israelita: "Tu Dios [será] mi Dios".[6]

Ana, sin hijos y despreciada, sabía que en el Señor estaba su fortaleza. Ella oró a Dios, y Él escuchó su oración.

Mi corazón se regocija en Jehová, mi poder se exalta en Jehová; mi boca se ensanchó sobre mis enemigos, por cuanto me alegré en tu salvación. No hay santo como Jehová; porque no hay ninguno fuera de ti, y no hay refugio como el Dios nuestro.[7]

El joven David peleó valientemente contra Goliat con solo una honda y cinco piedras. Puso su confianza en Dios aun desde joven mientras cuidaba las ovejas en el desierto. David dijo: "Porque tú, oh Señor Jehová, eres mi esperanza, seguridad mía desde mi juventud. En ti he sido sustentado desde el vientre; de las entrañas de mi madre tú fuiste el que me sacó; de ti será siempre mi alabanza".[8]

David siguió al frente de Israel en muchas batallas victoriosas al depender de Dios para encontrar guía y liberación:

Jehová es mi luz y mi salvación; ¿de quién temeré? Jehová es la fortaleza de mi vida; ¿de quién he de atemorizarme? Cuando se juntaron contra mí los malignos, mis angustiadores y mis enemigos, para comer mis carnes, ellos tropezaron y cayeron. Aunque un ejército acampe contra mí, no temerá mi corazón; aunque contra mí se levante guerra, yo estaré confiado.[9]

Los salmos de David están repletos de mensajes de fortaleza en el Señor. Este es uno de los muchos pasajes que podemos leer de la seguridad que él tenía en Dios:

Bendito sea el Señor, que ha oído mi voz suplicante. El Señor es mi fuerza y mi escudo; mi corazón en él confía; de él recibo ayuda. Mi corazón salta de alegría, y con cánticos le daré gracias.[10]

Antes de seguir con el hijo de David, quiero que observes cómo termina este pasaje. Sí, con agradecimiento a Dios. Parece que Él está tratando de decirnos algo. Este es un buen recordatorio que nos muestra que una mujer segura no solo confía de todo corazón en el Señor y experimenta mucho gozo, sino que además rebosa de gratitud hacia Él.

Salomón, el hombre más sabio de la tierra, fue tentado a poner su confianza en su propia capacidad; sin embargo, reconocía que su seguridad debía estar fundada y cimentada en el Señor. Él dijo: "En el temor de Jehová está la fuerte confianza; y esperanza tendrán sus hijos".[11] Él también nos animó a no llenarnos de preocupaciones y temores: "No tendrás temor de pavor repentino, ni de la ruina de los impíos cuando viniere, porque Jehová será tu confianza, y él preservará tu pie de quedar preso".[12]

Jeremías, quien valientemente sirvió a Dios en el sufrimiento, la traición y la cárcel, encontró su confianza en el Señor, al proclamar: "Pero benditos son los que confían en el SEÑOR y han hecho que el SEÑOR sea su esperanza y confianza".[13]

María, la madre de Jesús, reconocía humildemente todo lo que Dios había hecho en su vida. Su cántico de alabanza y agradecimiento a Él, sin duda, refleja el corazón de una mujer que ha encontrado su gozo en Dios.

> *Engrandece mi alma al Señor; y mi espíritu se regocija en Dios mi Salvador. Porque ha mirado la bajeza de su sierva; pues he aquí, desde ahora me dirán bienaventurada todas las generaciones. Porque me ha hecho grandes cosas el Poderoso; santo es su nombre, y su misericordia es de generación en generación a los que le temen".*[14]

Hasta el poderoso apóstol Pablo encontró su confianza en Cristo, no en sí mismo. Cuando hablaba de su propio ministerio, decía: "Y tal confianza tenemos mediante Cristo para con Dios; no que seamos competentes por nosotros mismos para pensar algo como de nosotros mismos, sino que nuestra competencia proviene de Dios".[15]

¿Puedes percibir la gran verdad que hemos escuchado de cada uno de estos hombres y de estas mujeres llenos de fe? En cada área de la vida, sus ojos estaban puestos en Dios al depender de Él, no de sí mismos. En medio de sus dificultades, decepciones y alegrías, encontraron su seguridad en el Señor y buscaron en Él su fortaleza. Ni uno de ellos tenía una vida perfecta. Es fácil pensar que me sentiría segura…

Si tuviera un buen trabajo.

Si me casara.

Si tuviera un cuerpo mejor.

Si cursara estudios superiores.

Si tuviera un mejor vestuario.

Si mis hijos fueran buenos estudiantes.

Si fuera buena en algo.

¿Cuál es tu gran "si"? ¿En dónde estás buscando tu seguridad? Estas cosas enumeradas anteriormente podrían estar bien y ser buenas, y puede que Dios te esté impulsando a buscar algunos de estos objetivos. No estoy diciendo que esté mal buscar estas cosas; solo estoy diciendo que si tú buscas tu identidad y tu esperanza en ellas, entonces vas camino a la decepción. Cuando buscas tu identidad en Cristo, edificas tu vida sobre un fundamento sólido como una roca, que es inconmovible.

¿Quién eres tú?

En este libro, hemos aprendido quién es Cristo y también quién eres tú como seguidora de Cristo. Vamos a repasar qué sabemos de Él.

- Es la imagen exacta del Dios invisible.
- Está sobre toda la creación.
- Creó todas las cosas que están en el cielo y en la tierra.
- Todas las cosas fueron hechas por Él y en Él.
- Él es antes de todas las cosas; Él existió siempre.
- Por Él todas las cosas existen.
- Él es la cabeza de la iglesia.
- En Él habita toda la plenitud de la deidad.
- Nos reconcilió con Dios a través de su muerte en la cruz.
- Se levantó de la muerte (el primogénito entre los muertos).
- Él es la cabeza sobre todo poder y autoridad.

¿Quién eres tú? Como seguidora de Cristo…

- Has sido creada por Él, has sido formada y moldeada por Aquel que siempre existió.
- Has sido rescatada del dominio de las tinieblas.
- Eres una ciudadana del reino de Dios.
- Eres redimida (comprada por un precio, mediante la muerte de Cristo).
- Eres santa delante de Él.
- Eres intachable.
- Eres libre de la acusación.
- Cristo habita en ti. Él es tu esperanza y tu gloria.
- Estás completa (satisfecha, llena) en Él.
- Estás viva con Cristo.
- Estás escondida en Cristo, segura en Él.

- Eres una nueva creación en Cristo, tu vieja vida ya no existe.
- Has recibido prendas nuevas de justicia para vestir.
- Eres renovada en el conocimiento de la imagen de tu Creador.
- Eres parte del pueblo elegido por Dios.
- Eres santa y muy amada.

Sabemos quiénes somos, porque sabemos qué hizo Cristo. ¡Qué maravilloso fundamento sobre el cual estar! Estamos firmes en Cristo, nuestra roca fuerte. Él hizo por nosotras lo que nosotras no podríamos haber hecho. Cuanto más le conocemos y entendemos su soberanía y poder, su amor y bondad, su misericordia y perdón, más crece nuestra confianza en Él. Jeremías exhortó a los israelitas a cuidarse de no jactarse de sus propios logros, sino que debían jactarse de su conocimiento y entendimiento de Dios. Este es el mensaje que Dios le dio:

> *Así dijo Jehová: No se alabe el sabio en su sabiduría, ni en su valentía se alabe el valiente, ni el rico se alabe en sus riquezas. Mas alábese en esto el que se hubiere de alabar: en entenderme y conocerme, que yo soy Jehová, que hago misericordia, juicio y justicia en la tierra; porque estas cosas quiero, dice Jehová.*[16]

En tus pensamientos, ¿de qué sueles jactarte? Evalúa por un momento qué clase de cosas sientes que te dan derechos de jactarte. ¿Por qué cosas te alabas o tiendes a pensar que eres mejor que otros? Ahora piensa en esto: ¿Puedes jactarte de conocer al Señor? ¡En esto deberíamos jactarnos en la vida! Deberíamos jactarnos de entender y conocer al Señor que hace misericordia, juicio y justicia. Dios se deleita cuando nos jactamos de estas cosas.

¿Qué te ha dado Dios para hacer?

Cuando Rosie Lee Butler conoció a Cristo, su entusiasmo fue contagioso. La verdad sobre lo que Cristo había hecho en la cruz y el hecho de que era redimida en Él verdaderamente transformó su vida. Comenzó a preguntarle al Señor cómo podía alcanzar a otros y hablar de su gozo en Cristo a personas de su vecindario. Dios puso en su corazón el deseo de alcanzar a los niños de su vecindario para mostrarles que Dios los amaba y tenía un plan para sus vidas. ¿Cómo haces para que los niños se interesen en ir a tu casa a aprender del amor de Dios y su Palabra? ¡Cocinas para ellos!

Rosie Lee les servía de todo, desde galletitas hasta limonada, perros calientes y chile. Los niños iban a su casa y se quedaban a escuchar el mensaje que Rosie Lee les compartía acerca de Jesucristo. Rosie Lee no asistió al seminario ni era una erudita de la Biblia, sino que conocía el amor de Dios y sabía cómo dar a conocer las verdades bíblicas. Ella enseñaba fielmente, y los niños asistían con alegría semana tras semana. Muchos niños llegaron a conocer a Cristo de una manera muy real a través de la fiel enseñanza bíblica de Rosie Lee. Aun más hermoso es el hecho de que muchos de esos niños llegaron a ser predicadores y misioneros. Dios usó el entusiasmo y la fidelidad de Rosie Lee en su propia casita para afectar a cientos, tal vez miles alrededor del mundo.

Rosie Lee no se enfocó en lo que no podía hacer, sino en lo que podía hacer. Podía cocinar, podía enseñar la Biblia y podía invitar a personas a su casa. ¿Qué puedes hacer tú? ¿Qué dones te ha dado Dios? Todas nosotras no somos como Rosie Lee, pero todas tenemos algo que Dios nos ha dado. Él nos ha dado dones que podemos usar para algo más allá de nosotras mismas; dones para el reino de Dios. En las Escrituras, se nos anima a usar nuestros dones para amar y servir a otros. Tal vez sientas que no tienes nada que dar. Puedes comenzar a enfocarte en las necesidades de otros y amarlos genuinamente.

El apóstol Pedro nos recuerda qué podemos hacer:

> *Sobre todo, ámense los unos a los otros profundamente, porque el amor cubre multitud de pecados. Practiquen la hospitalidad entre ustedes sin quejarse. Cada uno ponga al servicio de los demás el don que haya recibido, administrando fielmente la gracia de Dios en sus diversas formas. El que habla, hágalo como quien expresa las palabras mismas de Dios; el que presta algún servicio, hágalo como quien tiene el poder de Dios. Así Dios será en todo alabado por medio de Jesucristo, a quien sea la gloria y el poder por los siglos de los siglos. Amén.*[17]

Cuando derramamos nuestra vida en amar a Dios y amar a otros, comenzamos a transformarnos en mujeres seguras y seguimos creciendo en nuestra seguridad. La cura para el fastidio y la frustración contigo misma es levantarte, salir y hacer algo por alguien. Como una mujer que está firme porque sabe quién es en Cristo, puedes salir con confianza y usar tus dones para un propósito mayor en este mundo. Jesús dijo: "Hagan brillar su luz delante de todos, para que ellos puedan ver las buenas obras de ustedes y alaben al Padre que está en el cielo".[18]

Una perspectiva segura

The Valley of Vision [El valle de la visión] es una colección de oraciones y devocionales puritanos de comienzos del 1600, compilado por Arthur Bennett. En él encontrarás oraciones profundas, sentidas y sinceras llenas de amor y convicción. Una se destaca para mí como el final indicado para nuestro estudio de Colosenses y nuestro camino hacia la seguridad. Léela lenta y cuidadosamente y medita en sus palabras. Me encanta en especial, porque habla con mucha elocuencia de la belleza de conocer a Cristo y lo que significa para nosotros. Se llama "*The Life Look*" [Una mirada de la vida].

> Oh Dios,
> te bendigo por ese momento feliz
> cuando vi por primera vez tu ley cumplida en Cristo,
> la ira aplacada, la muerte destruida, el pecado perdonado,
> mi alma salvada.
> Desde entonces, tú has sido fiel para mí:
> he probado diariamente el poder de la sangre de Jesús,
> he conocido diariamente la fortaleza del Espíritu,
> mi maestro, director, santificador.
> No quiero otra roca sobre la cual edificar, que la que tengo,
> no deseo otra esperanza que el evangelio de la verdad,
> no necesito otra mirada, que aquella que me contempla
> desde la cruz,
> perdóname si he tratado de agregar algo a ese fundamento,
> si inconscientemente he confiado en mi conocimiento,
> mi experiencia, mis obras, y no las he visto como trapos de
> inmundicia,
> si he intentado completar lo que es perfecto en Cristo;
> mi clamor sea siempre: ¡Solo Jesús! ¡Solo Jesús!
> Plenitud hay en su justicia,
> vitalidad eterna en la vida que da,

unión indisoluble en la comunión con él;
en él tengo todo lo que puedo contener;
ensánchame para que pueda contener más.
Si resbalo,
déjame llorar amargamente como Pedro y volver a él;
si soy tentando, y pierdo el juicio,
dame fuerzas suficientes para confiar en él;
si soy débil,
que pueda desfallecer sobre su seno de amor eterno;
si estoy en apuros,
que pueda sentir que él puede liberarme;
si soy llevado al borde de la esperanza y al pozo de la
desesperación,
concédeme la gracia de caer en sus brazos.
Oh Dios, escúchame, haz por mí
más de lo que pido, pienso o sueño.[19]

Que esta oración sirva de aliento para tus oraciones sentidas al Dios todopoderoso que prodiga su amor sobre ti. Que podamos buscar solo en Jesús nuestra seguridad y satisfacción. No hay fundamento más seguro sobre el cual edificar nuestra vida. Nuestra vida puede ser rica y estar llena de significado, cuando Él es el centro. Tenemos gozo y paz, porque Él nos ama y nos perdona. La fortaleza nos sostiene en tiempos de pruebas, porque Él es nuestra roca. Podemos llorar en sus brazos, porque Él es nuestro consuelo, y podemos sonreír ante el futuro porque Él es nuestra esperanza.

Espero que este libro te haya fortalecido como una persona que ha llegado a conocer de una manera más profunda y rica al Dios que la ama. Espero que al haber sido fortalecida en tu seguridad interior, camines más segura de ti misma. Él te ha creado y te ha formado desde el vientre de tu madre. Él no comete errores. Te ama inmensamente, y a través de tu fe en Cristo has sido reconciliada con Él, perdonada, limpia de toda mancha y ya no eres acusada.

Él ha transformado tu vieja vida y te ha dado una nueva. Te ha dotado con dones para bendecir a este mundo, y te dará el poder, la capacidad y la dirección para usarlos. No escuches las mentiras del enemigo, que quieren quitarte tu seguridad; más bien, profundiza tu relación con el Dios que te ama. Este libro puede servir como un trampolín, por así decirlo; ahora salta sobre él con ambos pies y empápate en su amor inagotable.

Pasos para vivir segura

LECTURA ADICIONAL: Salmos 34. Gloríate en el Señor.

LA BATALLA POR LA VERDAD:

Destructor de tu seguridad: *Estoy sola. Mi seguridad está en mis propias habilidades y circunstancias.*

Forjador de tu seguridad: La seguridad inconmovible viene de poner nuestra esperanza en el Señor, y no en nosotras mismas o en otras personas.

OPCIONES:

- Pon tu esperanza y confianza en el Señor.
- Permite que el gozo y la gratitud fluyan de tu seguridad.
- Procura conocer a Cristo de una manera más profunda y personal.
- No temas al futuro; que el Señor sea tu seguridad.
- Usa los dones que Dios te ha dado para ser de bendición a las personas que te rodean.
- Sal y haz brillar tu luz.

PLAN DELIBERADO: Seguridad inconmovible.

Toma un tiempo para hacer una evaluación sincera de tu seguridad y piensa en qué estás poniendo actualmente tu esperanza para sentirte bien contigo misma. Pide a Dios en oración que te revele las áreas de falsa seguridad que te alejan de la verdadera seguridad en Cristo y escríbelas a continuación. Las áreas típicas en las cuales tendemos a poner nuestra confianza son…

- Carrera, voluntariado o pasatiempos
- Esposo o novio

- Logros de los hijos
- Lucir perfecta (cuerpo y vestimenta)
- Circunstancias en paz
- Buena salud
- Amigos
- Estatus social
- Dinero
- Las cosas que el dinero puede comprar
- Educación superior
- Logros o habilidades personales
-
-
-
-
-

Ahora quiero animarte a colocar ese sentido falso de seguridad a los pies del Señor. Reconoce que estas cosas o las personas no pueden ofrecer un fundamento seguro para tu esperanza. Pídele al Señor que te ayude a poner tu esperanza solo en Él.

Padre, tú eres mi roca y mi fortaleza. No hay otro fundamento más seguro que tú. Padre, perdóname cuando pongo mi confianza en ____________________ y trato de encontrar mi esperanza en estas cosas. Ayúdame a reconocer las áreas de mi vida que me ofrecen una falsa esperanza. Ayúdame a encontrar mi esperanza y mi seguridad solo en Cristo, porque es en Él que vivo y me muevo y soy. Mantén mis ojos puestos en ti, Oh Señor. Tú eres mi fuente de fortaleza eterna, inalterable e inamovible. En el nombre de Jesús. Amén.

Preguntas para el debate

Si estás pensando usar este libro para un estudio grupal, podrías encontrar útiles las siguientes preguntas para el debate. Estoy agradecida porque has elegido este libro para tu estudio. Que Dios te bendiga en tu camino a vivir segura.

Parte uno: Transforma tu manera de pensar

Capítulo uno: ¿Dónde está la verdad?

1. ¿Por qué es importante conocer tu propia filosofía personal o cosmovisión?
2. ¿Qué significa tener una cosmovisión bíblica?
3. ¿De qué manera se fortalece tu confianza al establecer tu fundamento sobre la Biblia?
4. ¿Qué filosofías que parecen opuestas a la cosmovisión bíblica predominan en nuestra cultura?
5. Relata una vez que un pasaje de la Biblia te fortaleció o te dio dirección.

Capítulo dos: Oraciones poderosas (Col. 1:1-14)

1. ¿En qué aspecto mejora una relación con alguien cuando pasas tiempo dando gracias a Dios por esa persona?
2. ¿Tienes a alguien que sea una guerrera de oración en tu vida?
3. ¿Qué significa espiritualmente "llevar mucho fruto" y "crecer en el conocimiento de Cristo"?
4. ¿Has llegado a creer en Cristo como tu Salvador, como Aquel que te redimió y te perdonó?
5. ¿De qué manera fortalece tu seguridad saber que has sido rescatada del dominio de las tinieblas y has sido llevada al reino del Hijo, a quien el Padre ama?

Parte dos: Más semejante a Cristo

Capítulo tres: El gozo de conocerlo (Col. 1:15-20)

1. ¿Qué aprendes de Dios al ver la vida de Jesús, puesto que Jesús es la imagen exacta de Dios?
2. ¿Cómo afecta tu nivel de seguridad el saber que has sido creada por Cristo y para Él?
3. Cuenta una historia de tu vida en la que reconoces que Cristo te ha sostenido.
4. ¿Por qué es importante saber que toda la plenitud de Dios habitaba en Jesús?
5. ¿De qué manera leer este capítulo ha aumentado tu entendimiento de Cristo?

Capítulo cuatro: Abraza al amante de tu alma (Col. 1:21-23)

1. ¿Cómo te describirías antes de conocer a Cristo?
2. ¿Qué acusaciones del enemigo escuchas a veces en tu mente?
3. ¿De qué manera te ayuda saber que eres "santa para Él"?
4. ¿Por qué es difícil creer que somos intachables?
5. ¿Qué significa tener una fe "estable y firme" en Cristo?

Parte tres: Un paso importante

Capítulo 5: Tesoros escondidos y sueños llenos de esperanza (Col. 1:24—2:5)

1. ¿Cómo puede una persona gozarse incluso en medio de las dificultades?
2. ¿Qué significa para ti: "Cristo en ti, la esperanza de gloria"?
3. ¿Por qué es tentador creer en algunos tesoros falsos (filosofías populares) de nuestra cultura moderna? ¿Por qué son tan intrigantes para las personas?
4. ¿De qué manera tratan las personas de descubrir los secretos de la sabiduría y el conocimiento fuera de Cristo?
5. ¿Qué tesoros de la sabiduría y el conocimiento encuentras en Cristo? ¿De qué manera fortalecen tu seguridad?

Capítulo seis: Camina segura con Cristo (Col. 2:6-23)

1. ¿Qué significa estar arraigada en Cristo?
2. ¿De qué manera tu vida refleja a Cristo? En otras palabras, ¿de qué manera estás edificada en Él?

3. ¿Desborda tu vida de gratitud? ¿Qué pasos puedes dar para ser una persona más agradecida?
4. ¿Cómo puedes fortalecer activamente tu fe en Él?
5. En nuestra cultura moderna, ¿qué "accesorios" religiosos ves que usan las personas para parecer más espirituales?

Parte cuatro: Tu mejor apariencia

Capítulo siete: Un tratamiento de belleza glorioso (Col. 3:1-11)

1. ¿Cómo puedes hacer para enfocarte continuamente en las cosas de arriba?
2. Nombra algunas cosas de esta tierra que pueden ser una distracción de las cosas de arriba.
3. Cuando piensas en la iglesia como "la novia de Cristo", ¿cómo se fortalece tu seguridad al entender quién eres?
4. ¿Por qué es importante deshacernos de los trapos viejos de nuestra vida, mientras vivimos con nuestros ojos puestos en ese día glorioso, cuando veremos a Jesús cara a cara?
5. ¿Cómo cambia tu persona vivir para su reino?

Capítulo ocho: ¡Te ves divina! (Col. 3:12-17)

1. Cuando piensas en una persona bonita, ¿qué cualidades internas te vienen a la mente?
2. ¿Qué cualidades te propones adoptar después de leer este capítulo?
3. ¿De qué maneras prácticas permites que la paz de Cristo gobierne tu corazón?
4. ¿Cómo planificas enriquecerte en el conocimiento de la Palabra de Dios?
5. ¿Qué cambios quisieras realizar en tu vida cuando piensas en hacer todo en el nombre del Señor Jesús?

Parte cinco: Fortalece tus relaciones

Capítulo nueve: Cómo convivir con las personas más cercanas (Col. 3:18—4:1)

1. ¿Por qué las reglas del orden tienen sentido en una empresa, en una escuela o en un hogar?
2. En tu opinión, ¿qué les molesta más a las mujeres sobre la palabra *someterse*?

3. Describe lo que piensas que significa "trabajar de buena gana como para el Señor"
4. ¿Cuál es el mayor reto que te presenta este capítulo?
5. ¿De qué manera demuestra poder y fortaleza un espíritu suave y apacible? ¿En qué aspecto es Jesús un buen ejemplo de esto?

Capítulo diez: El arte de la comunicación con Dios y las personas (Col. 4:2-6)

1. ¿De qué manera te ha motivado este capítulo a desarrollar o crecer en tu vida de oración?
2. Relata una respuesta a la oración que hayas experimentado.
3. ¿Por qué es importante dar gracias a Dios continuamente?
4. ¿Por qué piensas que tantos incrédulos se desilusionan de los cristianos de nuestra cultura moderna?
5. ¿De qué manera puedes sazonar tus palabras con sal cuando hablas con personas que no conocen a Cristo?

Parte seis: Brilla con gozo

Capítulo once: Reconoce la bendición que traes a este mundo (Col. 4:17-18)

1. De los diez saludados de Pablo, ¿con quién te identificas más?
2. ¿De qué manera estás actualmente usando tus dones y talentos?
3. ¿De qué manera te han exhortado "las preguntas para formularte" de cada sección?
4. Al leer estas historias, ¿qué aprendiste sobre la diversidad de la creación de Dios?
5. ¿Cómo puedes motivar los dones de las personas que te rodean?

Capítulo doce: Sal y actúa segura

1. ¿Qué te conmovió más de la historia de Kristen?
2. Al leer las palabras de los hombres y las mujeres fieles de las Escrituras, ¿qué notaste de su dependencia de Dios?
3. ¿Cómo construye tu seguridad ver la lista que identifica quién eres en Cristo?
4. ¿En qué otras cosas, aparte de Dios, tiendes a poner tu confianza?
5. ¿De qué manera te ha ayudado este libro a encontrar tu identidad en Él?

Notas finales

Capítulo 1: ¿Dónde está la verdad?

1. John Piper, *Spectacular Sins* (Wheaton, IL: Good News Publishers, 2008), p. 57.
2. www.churchleader.net/Transforming/WorldviewDevelopment/tabid/119/Default.aspx. Recurso en inglés.
3. Isaías 40:8 (NVI).
4. Salmo 19:7-11.
5. 2 Timoteo 3:16-17.
6. Immanuel Kant, *Critique of Pure Reason* [*Crítica de la razón pura*], ed. rev. (Stillwell, KS: Digireads.com Publishing, 2005), p. 312. Publicado en español por Editorial Porrúa.
7. Usado con permiso de *Myrtle Grove Christian School*, Wilmington, NC. La definición y descripción de la cosmovisión escolar ha sido adaptada de Christian Overman y Don Johnson, *Making the Connections* (Puyallup, SW: The Biblical Worldview Institute, 2003).

Capítulo 2: Oraciones poderosas

1. Salmo 103:13
2. http://debbietaylorwilliams.com. Recurso en inglés.
3. Juan 15:10-11 (NVI).
4. Juan 15:1-5.
5. Gálatas 5:22-23.
6. Romanos 3:23.
7. Romanos 6:23.

Capítulo 3: El gozo de conocerlo

1. 1 Timoteo 1:17.
2. Juan 4:24.
3. Juan 1:17-18.
4. Génesis 1:26.
5. Salmo 103:17, 8-12.
6. A. W. Tozer, *The Knowledge of the Holy* [*El conocimiento del Dios Santo*] (Nueva York: Harper, 1961), p. 44. Publicado en español por Editorial Vida.
7. Tozer, p. 47.

8. Hank Hanegraaff, *The Complete Bible Answer Book* (Nashville, TN: Thomas Nelson Publishers, 2008), p. 126.
9. Salmo 121.
10. Leslie O'Hare. Leslie es anfitriona de televisión de *The Leslie O'Hare Show*, que salió al aire por KFWD en Dallas, Texas. Su revista nacional para mujeres, *"L" The Leslie Magazine*, fue publicada en noviembre de 2010. El sitio de la Internet de Leslie es www.leslieoharemedia.com (recurso en inglés).
11. Salmo 37:23-24.
12. Hechos 4:12.
13. Romanos 8:10-11 (NVI).
14. *More Gathered Gold*, John Blanchard, ed. (Hertfordshire, England: Evangelical Press, 1986), p. 120.
15. Juan 14:9-10.
16. Colosenses 2:10.
17. Juan 3:16-18.
18. Efesios 2:8-9 (NVI)

Capítulo 4: Abraza al amante de tu alma

1. Historia de "Gospel Herald", *Knight's Master Book of 4000 Illustrations*, Walter B. Knight, ed. (Grand Rapids, MI: Eerdmans Publishing, 1956), p. 390.
2. Romanos 8:7-8.
3. Romanos 8:1.
4. Romanos 5:8-11 (NTV).
5. Efesios 3:16-21(NVI).
6. Edward Mote, 1797-1874, himno "La roca firme".

Capítulo 5: Tesoros escondidos y sueños llenos de esperanza

1. *Gleanings from Sacred Poets* (London, England: Gall & Inglis, s. f.), p. 121.
2. Henri J. M. Nouwen, *With Open Hands* (Notre Dame, IN: Maria Press, 1972), p. 43.
3. 2 Corintios 1:5.
4. Romanos 5:2-5.
5. Efesios 1:11-14 (RVC).
6. Romanos 11:33-36.

Capítulo 6: Camina segura con Cristo

1. Juan 8:31-32 (NVI).
2. Juan 15:5 (NVI).
3. Ron Rhodes, *5-Minutes Apologetics for Today* (Eugene, OR: Harvest House Publishers, 2010), p. 7.

4. Rhodes, p. 7.
5. Juan 14:6.
6. Pascal, *Pensees* # 425.
7. Salmo 23:1 (NTV).
8. *More Gathered Gold*, John Blanchard, ed. (Hertfordshire, England: Evangelical Press, 1986), p. 186.

Capítulo 7: Un tratamiento de belleza glorioso

1. Mateo 6:25-33 (NVI).
2. Wilbur J. Chapman, publicado por primera vez en 1911; música por Charles H. Marsh.
3. Efesios 5:31-32.
4. 1 Corintios 6:18-20 (NVI).
5. Santiago 1:14-15.
6. Timothy Keller, *Counterfeit Gods* (Nueva York: Dutton, 2009), p. XIV.
7. Efesios 4:26-32 (NVI).
8. Romanos 12:9-10, 17-21 (NVI).
9. Mateo 12:34-35 (NVI).
10. Ver www.HopeHelpHeal.org. Recurso en inglés.

Capítulo 8: ¡Te ves divina!

1. 1 Pedro 5:5-7 (NVI).
2. Salmo 103:8.
3. Gálatas 5:22-23.
4. 1 Corintios 13:4-8.

Capítulo 9: Cómo convivir con las personas más cercanas

1. Gálatas 3:28 (NVI).
2. N. T. Wright, *Paul for Everyone: The Prison Letters* (Louisville, KY: Westminster John Knox Press, 2004), p. 186.
3. John Phillips, *Exploring Colossians & Philemon* (Grand Rapids, MI: Kregel, Inc., 2002), p. 191.
4. Debemos tener cuidado de no sobrecalificar el abuso emocional. Es muy sabio buscar consejeros bíblicos si sientes que estás en una situación de abuso emocional.
5. Henry Cloud y John Townsend, *It's Not My Fault* [*No es culpa mía*] (Nashville, TN: Integrity Publishers, 2007). Publicado en español por Editorial Vida.
6. Lucas 2:49-52.
7. Tim Kimmel, *Grace-Based Parenting* [*Crianza llena de gracia*] (Nashville, TN: Thomas Nelson, 2005). Publicado en español por Caribe-Betania.
8. Proverbios 22:6.

9. *Speaker's Source Book II*, Glen Van Ekeren, ed. (Englewood Cliffs, NJ: Prentice Hall, Inc. 1994), p. 46.
10. *Speaker's Source Book*, p. 392.
11. *Speaker's Source Book*, p. 393.
12. *Knight's Master Book of New Illustrations*, Walter B. Knight, ed. (Grand Rapids, MI: Eerdmans Publishing, 1956), p. 746.

Capítulo 10: El arte de la comunicación con Dios y las personas

1. Santiago 3:3-8.
2. www.gallup.com/poll/127721/few-americans-oppose-national-day-prayer.aspx. Recurso en inglés.
3. *More Gathered Gold*, John Blanchard, ed. (Hertfordshire, England: Evangelical Press, 1986), p. 233.
4. Mateo 7:7-11 (NVI).
5. Salmo 36:7-9 (NVI).
6. Marcos 14:34, 37-38 (RVC).
7. Salmo 50:14-15, 23.
8. Lucas 6:35.
9. Lucas 17:17-19.
10. Para aprender más sobre el ministerio de Sharon Hill, visita www.oncallprayer.org (recurso en inglés).
11. Proyecto matrimonial nacional de la Universidad de Virginia, www.virginia.edu/marriageproject/ (recurso en inglés).

Capítulo 11: Reconoce la bendición que traes a este mundo

1. Colosenses 4:7-8 (NTV).
2. Colosenses 4:9 (NVI).
3. Filemón 10-12.
4. Josué 1:8-9.
5. Colosenses 4:10 (NVI).
6. Colosenses 4:11.
7. Colosenses 4:12-13 (NVI).
8. Colosenses 4:14 (NVI).
9. 2 Timoteo 4:9-10.
10. Mateo 13:22.
11. Colosenses 4:15-16 (NVI).
12. Hebreos 13:2 (NVI).
13. Apocalipsis 3:20 (NVI).
14. Gálatas 6:9.
15. Colosenses 4:17 (NVI).
16. Warren Wiersbe, *Be Complete*, (Chicago: David C. Cook, 2008), p. 172.
17. 1 Corintios 15:58.

Capítulo 12: Sal y actúa segura

1. Kristen Jane Anderson, *Life, In Spite of Me* (Colorado Spring, CO: Multnomah Books, 2010), p. 145.
2. 2 Pedro 1:3-4.
3. Isaías 40:25-31 (NVI).
4. Éxodo 15:2-3.
5. Jueces 5:31.
6. Rut 1:16.
7. 1 Samuel 2:1-2.
8. Salmo 71:5-6.
9. Salmo 27:1-3.
10. Salmo 28:6-7 (NVI).
11. Proverbios 14:26.
12. Proverbios 3:25-26.
13. Jeremías 17:7 (NTV).
14. Lucas 1:46-50.
15. 2 Corintios 3:4-5.
16. Jeremías 9:23-24.
17. 1 Pedro 4:8-11 (NVI).
18. Mateo 5:16 (NVI).
19. *The Valley of Vision,* Arthur Bennett, ed. (Carlisle, PA: The Banner of Truth, 1975), pp. 96-97.